U0964489

幼儿早期教育技巧

周作新　李洪珊　编著

金　盾　出　版　社

内 容 提 要

本书介绍了众所关心的幼儿早期教育技巧问题，内容包括：营造良好的家庭早期教育环境、尊重孩子才会赢得孩子的信任、教育孩子必须讲究语言艺术、平等地和孩子进行沟通交流，以及管教孩子应当做到以人为本；并且以《他山之石》、《小贴士》等形式介绍了一些国外幼儿早期教育方面的理念和做法。

图书在版编目(CIP)数据

幼儿早期教育技巧/周作新，李洪珊编著．—北京：金盾出版社，2009.4

ISBN 978-7-5082-5466-1

Ⅰ．幼… Ⅱ．①周…②李… Ⅲ．学前教育—教学参考资料 Ⅳ．G613

中国版本图书馆 CIP 数据核字(2008)第 192251 号

金盾出版社出版、总发行

北京太平路 5 号(地铁万寿路站往南)

邮政编码：100036 电话：68214039 83219215

传真：68276683 网址：www.jdcbs.cn

封面印刷：北京精美彩色印刷有限公司

正文印刷：北京蓝迪彩色印务有限公司

装订：北京蓝迪彩色印务有限公司

各地新华书店经销

开本：850×1168 1/32 印张：6.5 字数：130 千字

2010 年 11 月第 1 版第 2 次印刷

印数：10 001～14 000 册 定价：13.00 元

(凡购买金盾出版社的图书，如有缺页、倒页、脱页者，本社发行部负责调换)

前 言

当今社会，随着人类自我认识的不断深入，人们更加清楚地认识到，孩子一出生，便对丰富多彩的外部世界充满了好奇心，这是培养他们兴趣的好时机。人们最常听到的一句话是：不能让孩子输在起跑线上。其实，对孩子进行起跑线上的训练，争取让孩子赢在起跑线，即对孩子进行早期教育，参天大树从小苗培养入手，才是最重要的事情。

早期教育特指学龄前幼儿的教育。中国有句古话叫做“三岁看大”，0～3 岁是孩子身心发育的关键时期。在这个时期，幼儿对外界的刺激特别敏感，容易接受外界信息。父母的细心耐心和爱心将会帮助孩子更好地成长。孩子出生时 80％的大脑神经已形成了，此后环境刺激越多，大脑发展越好，所以要发挥人的大脑的最大潜能，应特别注重0～3岁的早期教育。

学前期是幼儿个性形成的重要时期，所以许多国家提出："学前教育应为幼儿未来的人格形成打下基础，只有基础牢固，人格才能得到均衡发展"。父母应该意识到，自己不仅仅是孩子的衣食父母，更是孩子的启蒙教育、行为规范的第一任老师。培育孩子不仅仅是要把他养大，要给他提供多么丰富的物质条件，关键是教会他如何做人，做一个什么样的人，保证孩子身心健康、快乐地成长。"家庭是真正的学校"。只有家庭，也唯有家庭才能培养孩子最重要的文化品质，教给孩子最高尚、最基本的东西。孩子总是静悄悄地学习周围人的言行举止，并作为最好的榜样。家庭生活乐趣是陶冶孩子优秀品格和抵抗坏风气毒害最有效的条件。

幼儿早期教育是一门科学。家庭在实施教育过程中，需要根据孩子的特点，认真设计教育计划，施用必要的教育技巧。

良好的家庭氛围利于孩子快乐成长。早期教育需要父母倾注全部关心，精心观察孩子的活动，对孩子的每一变化发生敏感，并捕捉它，加以培育；也需要父母倾注全部爱心，精心体察孩子的身心需要，让他在安全、舒适的环境中生长。早期教育不仅仅着眼于智力(如识字、算术),而且要丰富孩子的日常生活,培养孩子的健康情趣,让孩子的智力和人格自然而然地得到发展。

适当的环境刺激能够激发孩子的好奇心和求知欲。父母应抓住启智黄金期,从心灵教育开始,不断丰富孩子的生活经验和感性知识,引导孩子独立思考,鼓励新奇想法,培养创造能力,将他引向成功。

同时,还要加强对孩子非智力因素的培养。如通过教育,要让孩子养成良好的意志品质及学习习惯;知道如何面对困难,如何帮助社会、他人,多行善事;知道如何找寻真正的人生,追求全面、和谐的发展,培养良好的个性。这是当今世界幼儿早期教育的一个重要趋势。

真正的教育并不是强加于人的。幼儿早期教育只能在孩子毫无对抗情绪的情况下进行,促使孩子自愿地发展。家长要让孩子在尊重的家庭环境中成长。孩子是独立的、有意识的、有思想的个体,应该得到家长的尊重与平等对待。尊重孩子才是父母最深刻的爱。家庭教育要树立适应儿童发展的需求的儿童观,其核心问题就是尊重儿童,要尊重他们的生存权与发展权。在现实生活中,父母一定要放下架子，以平等的身份对待孩子，尊重孩子，这样才会赢得孩子的信任。特别值得指出的是，如果父母在什么事情上错了，不要忘记对孩子说："对不起！"孩子与父母之间互相尊重，也教会了孩子怎样道歉。

早期教育应该是家长与孩子互动互进的，而不是单向促进的。家长让亲子交流充满于生活细节中，不断向孩子释放爱的信息，积极鼓励和引导孩子。父母对孩子的一个眼神、一个甜美的微笑、一个亲热的吻、一个拥抱，以及一声"我爱你！"……这些点点滴滴的自然示意和接触，都会汇聚成亲子间交流的纽带，增加跟孩子之间的感情，让孩子在爱和鼓励的环境中开心成长。

孩子在成长的过程中需要得到父母的帮助、责备和教导。但是，做父母的切莫就此认为，自己可以对孩子"事事关心"、"事事监控"。事实上，在从成长到成熟的过程中，孩子从父母身上学到独立和自治的意识，才是更为重要的。

教育孩子要讲究语言艺术。俗话说："良言一句三冬暖，恶语伤人六月寒。"父母要发掘孩子身上的优点，生活中不要"忽略孩子的存在"，不要进行破坏性的批评，不要强迫孩子做某种事情。对孩子，有的话是应该说的，有的话是不应该说的。好多父母都抱怨自己的孩子不听话,其实有时并不是孩子不肯听父母的话,而是父母没有掌握和孩子说话的技巧。父母学会和孩子进行对话,对理解能力和心理承受能力还较弱的幼儿来说,更要讲究说话的方式和技巧。

父母和孩子以平等态度沟通,就是既用幼儿能听懂的语言与之交流,还可以用非语言的方式与之交流,如向孩子微笑、点头、抚摸、搂抱,认真倾听孩子说话等。这些远比语言更容易表达对孩子的尊重、关心、爱护和肯定。“学会尊重,善于沟通”的目的在于优化家庭教育环境,使之更有利于孩子的健康成长。成人必须从我做起,放下自己的尊严,与孩子共同成长。

作为父母,在家庭教育中实施管教是引导孩子行为的重要方面。管教既要做到教导、训练、纠正孩子的言行,又要不伤害孩子的自尊和信心。教育的目的就是要雕塑孩子的意志品行,而不是伤害他们的心灵。父母只有在加以管教的基础上才能建立孩子的自尊心,否则就无法完全建立他的自尊心,因为缺少管教等于破坏孩子的自尊。

父母回答孩子提问不能敷衍。例如,当孩子提出难以回答的问题时,家长不能不懂装懂，乱说一气，更不可用“去去去、就你事多、烦死了”之类的话压制孩子提问的积极性。对那些爱发问、好活动、喜探索的孩子，若能进行正确的引导，恰恰是创造性人才的雏苗。如果父母不接纳孩子的问题，只是一笑置之、敷衍了事或粗暴制止，久而久之，孩子就不想再问了，这将导致其智慧的萌芽逐渐枯萎。

跟孩子说理必须循循善诱。父母对孩子适当的表扬有利于孩子树立自信心，但过分表扬却适得其反。当孩子的淘气在不知不觉间越过了某种界限、甚至犯了“错误”的时候，责备和批评孩子是父母必须掌握的一种艺术。

对孩子发怒、训斥要注重效果。如孩子犯了错误，有的父母以为大发雷霆可震住孩子，但威信却降低了。因此，脾气少发好，要适度克制自己的愤怒，不能随情绪的波动而随意加重你的愤怒，更不能让孩子承受凶暴而残酷的愤怒洪流。如果控制不住，可以先平静一下，再回来严肃地指出孩子的错误，效果要好些；或者给孩子以适当的处罚，让他知道错了，吸取教训，以求少犯。但处罚必须有度，如不能罚孩子站墙角，因为这样不会有多大作用；可以根据孩子的年龄和爱好限制他的某些活动，如不让看电视、玩游戏机或参加室外活动等。

避免在餐桌上训斥孩子。父母与孩子一起吃饭，要营造出轻松愉快的餐桌氛围，对于孩子吃饭当中出现的各种问题，父母要处理适当，以利于孩子的身体健康和性格塑造。

避免“情感虐待”或“语言暴力”给孩子造成的严重伤害，甚至大于体罚所造成的伤害。研究表明，受心理惩罚的孩子更容易误入歧途，走向犯罪，诱发严重的社会问题。同时也要破除束缚孩子的残忍“魔咒”。例如，强调速度魔咒：孩子因为幼稚，所以做起事来比较慢。但是大人会紧张地催促：“快吃”、“快写”、“快穿”……甚至大声斥喝或惩罚。魔咒使孩子容易紧张、退缩、自我贬抑、对自己没有信心、不快乐，或者应付讨好大人。

做到宽松地和孩子相处。父母不只是让孩子吃好、穿暖、玩玩具，还需要坐下来耐心听孩子说话，并让孩子感觉到他说的事情很重要，尊重他的意见和想法。注意让孩子享有一定的自由空间，既树立孩子自立的信心，又避免和父母亲不必要的对立。特别值得指出的是，不要欺骗孩子，父母向孩子讲了欺骗的话，就会在他心目中丧失信任，以后讲话就不听从了。

诚然，幼儿早期教育确有许多技巧，但又没有什么特定的模式而言，因为每个孩子对父母有着不同的态度和反应。不过切记，父母不要给孩子一切他想要的东西，而要让他从小就知道对自己权利与义务的关系。

编著者

目 录

幼儿早期教育技巧

一、营造良好家庭早期教育环境

在1896年首届奥运会百米跑道上，美国选手伯克一改当时流行已久的站立起跑姿势，采取双手按地蹲式起跑，观众们见状捧腹大笑，认为他是“疯了”。然而，就是这种“蹲式”的起跑姿势，缩短了起跑时间，伯克在出发的瞬间取得了优势，成为冠军。伯克的成功告诉人们，他成冠军不是赢在跑步之中，而是赢在起跑之前。

人们最常听到的一句话是：不能让孩子输在起跑线上。其实，对儿童进行起跑线上的训练，争取让孩子赢在起跑线，即对孩子进行早期教育，参天大树从小苗培养入手，才是最重要的事情。

早期教育是用一种科学的教育方法，对0～6岁的孩子和0～6岁孩子的家长进行一些教育环境的影响和教育，这是从广义的上来说；那狭义上的来说呢，是用科学的教育方法，根据婴幼儿的身心特点，对0～3岁的婴幼儿进行教育环境的影响和教育。

◎早期教育不是近年才有的

美国心理学家布鲁姆认为，儿童头3年的发展可以造就人的一生。一个人的智力发展如果把他本人17岁达到的水平算作100％，在头4年里会发展出50％的智

力水平；在 4～8 岁又会发展出另外的 30%；最后在 8～17 岁之间完成最后的 20%。可见幼儿在 5 岁以前是智力发展最迅速的时期，也是进行早期智力开发的最佳时期，如果在这个时期所实施的早期教育良好，将是孩子早期智力发展的关键。

早期教育的观点并不是近年才有的，我国古代就有了这种主张。如南宋时期的哲学家、教育家朱熹曾说："乳母之教，所系尤切"；魏晋南北朝时的文学家、教育家颜之推认为："当及幼稚，识人颜色，知人喜怒，便加教诲，使为则为，使止则止。……"

在西方教育史上柏拉图第一个提出学前教育思想。他认为对儿童的教育开始得越早越好。"凡事开头最重要，特别是生物，在幼小柔嫩的阶段，最容易受陶冶，你要把它塑成什么型式，就能塑成什么型式。"他甚至主张胎教，"我们同时应该甚至在孩子出生以前就着手这一工作：待产的妇女必须接受为了有利于未出生的孩子所需要的那种训练。"他认为，孩子出生后，必须确保护士甚至在他能走路之前给他有益的运动和空气，尤其不许他由于过早走路而伤害自己。婴孩应尽可能接近于仿佛他一直在大海上那样生活；应该把他上下摆动，给他唱歌，以便使他免受惊吓。这是为发展勇敢和坚定性格的首要的准备工作。当孩子 3 岁或更大一点，我们可以开始审慎地纠正他，让他开始玩游戏，最好让孩子发明自己的游戏；在 6 岁时，就要认真开始授课，随之把女孩和男孩隔离开来，应当教他们骑、射、投、掷，应该注意

把孩子们训练成左右手并用。

【专家评析】

长期以来，很多人都相信天赋，相信天才是遗传的，是与血统有关的。现代脑科学表明，儿童的大脑具有极强的可塑性。我国古代就有了这种主张。柏拉图早在两千多年前就认识到小孩的肉体和精神具有极大的可塑性，因而提出了早期教育的思想。我们不得不为柏拉图的睿智所折服。全世界整个早期教育的发展，真正把早期教育提高到教育科学的高度去认识、实践，并形成一定的理论体系，还是近几十年的事。今天，人们通过广泛的大量的科学研究和教育实践，对早期教育已有了一个全新的、科学的理解。

早期教育就是在人可能接受教育的最早时刻，对他进行多方面的教育。所谓“最早时刻”，即从胎教的零岁开始。它不同于“学前教育”、“幼儿教育”等一般性的早期教育观念。一般性的早期教育是要等孩子五六岁，大脑发育基本成熟时才开始进行。“学前教育”也只对3～6岁儿童，进行上学前的预备性教育；继之提出的“先学前期”（也称“幼儿前期”），则是对1～3岁的孩子，在家庭或托儿所进行的一般性抚育。事实上，绝大多数的家庭和托儿所，目前只是一般的养护孩子，并没有积极有效地对婴幼儿进行早期教育。甚至，一些人还认为：对这样小的孩子不必、也不能进行教育，否则会白搭工或累坏孩子……

早期教育专家认为，胎儿、婴幼儿时期是教育孩子

的“黄金时期”，应抓紧时间以多种多样的形式和方法，对他们进行科学而广泛的早期教育。

温馨提示

婴幼儿时期的教育效果和意义，将比后来的教育效果大得多，好得多，重要得多！是万万不可忽视的。

◎父母不能给孩子遗憾的童年

井深大是日本著名索尼公司的创始人。他在事业上很成功，但在家庭教育方面留下了遗憾：他有一个智能偏低的孩子。在孩子幼年的时候，井深大并不了解他后来所崇拜的日本幼儿教育专家铃木镇一先生的研究结论：无论怎样的孩子，只要教育得当，均可培养成各种有用的人才。后来他懂得这样的教育道理：像他孩子这样的情况，如果从出生起就施以适当的教育，也可以为他拓展某种能力做出有效的努力。于是他为自己未能给孩子任何“适当的教育”而深感愧疚，因此留下深深的遗憾。

从此，井深大先生沉迷于与他原本所从事的行业毫不相干的幼儿教育研究，取得了很大的成就，成为世界闻名的幼儿教育专家。他曾说：当我想到研究幼儿教育是每个人都应该做的事，却被世界上很多父母忽略的时候，我便坐立不安起来。

井深大研究指出，人的头脑接受外来的刺激，予以模式化后转变成记忆，这个最基本、最重要的信息处理结

构，在人 3 岁以前就已形成。因此，3 岁以前的调教非常重要，等到进了幼儿园才开始，就为时已晚了；更多的科学实验证明，要开发孩子的智力，3 岁以前是黄金时期。

【专家评析】

事实上，铃木先生的研究结论已得到更多的支持。最近，大脑生理学及遗传学的研究逐渐证实了，人的能力与性格在 0～3 岁间的幼儿期就已大体形成了；脑细胞之间的互相联结约在出生至 3 岁之间，而事实上整个脑组织结构的 70%～80%在 3 岁以前就已经完成；脑的重量在出生 6 个月后就增为出生时的两倍，3 年就增至大人的 80%。

美国人类潜能开发专家葛兰·道门教授认为，每个正常的婴儿出生时都具有像莎士比亚、莫扎特、爱迪生、爱因斯坦那样的潜能，聪明和愚笨都是环境的产物。无数事实证明，孩子能否成才取决于 0～3 岁早期教育的方法。不过，井深大指出，幼儿教育不是为了制造天才，而是为了“培养脑筋灵活、身体健康、性情开朗直率的孩子”，这是幼儿教育的惟一目的。

温馨提示

如果你的孩子还不足 3 岁，如果你还是位“准父母”或是未婚青年，那么请你记住 0～3 岁是你孩子各种机能发展的最重要时期，要按照科学方法，根据孩子各种智能发展的最佳教育期进行教育。不要让井深大先生的遗憾在你的身上重现。

◎“孟母三迁”故事给今人的启示

孟子小的时候，他家住在一片坟地旁边，孟子就玩一些哭丧、埋人之类的游戏。孟子的母亲认为，这种环境不利于孩子的成长，就举家搬迁到一个集镇上住下，结果孟子又玩些做买卖的游戏。孟子的母亲还是不满意，又迁居到了一所学校旁边，孟子受到良好的影响，逐渐变成勤奋学习、彬彬有礼的孩子，于是孟子的母亲决定在学校旁定居下来。这就是几乎人人熟知的“孟母三迁”的故事。

【专家评析】

当孩子在毫无自主的情况下来到人间时，他面临的第一个环境就是“家庭”。家庭作为社会最基本的单位当然是经济的，但他同时几乎含有这个社会所有的构成因子。孩子的降临使家庭发生了质的变化，其受益者首先是成人，即“家庭会因为孩子而变得温暖和欢乐”。成人同时成为教育者和孩子的楷模。有了孩子的家庭，“迫使成人在家庭生活中必须目光更敏锐、更热爱劳动。”洛扎诺夫认为，在理想化的教育格局中，学校与家庭各司其职，相互不可替代。因为，教育的目标应该是培养出“活生生的完整的人”，而这样的目标在学校里是很难实现的。

重视幼儿早期教育是一个世界性的趋势，而且正走向家庭化和社会化。父母应意识到的是，他们不仅仅是孩子的衣食父母，更是孩子行为规范的启蒙老师，保证

孩子身心健康、快乐地成长。

我国著名儿科专家、中国家庭教育学会顾问籍孝城教授在数十年的研究过程中发现，孩子1岁多就有很强的模仿能力。籍教授说："1岁多的孩子就能感受到家长对他的好坏，并对家长的一些举动有所模仿。2～3岁的孩子就会受到家长的影响。如，用鞋底打耳光惩罚孩子的家长，幼儿时80%被父母用此方法打过。"籍教授认为，孩子人格的形成与家庭环境有关，而家长对孩子的影响是潜移默化的。母亲怀孕时心情不愉快，孩子出生后会表现出没有安全感，上幼儿园后注意力不集中，记忆力不好，学习有问题。事实上，孩子身上所表现出的问题反映出家庭教育问题。据调查，成人犯罪多与2岁前所受到的不良教育有关。

温馨提示

孩子成长的环境包括自然环境与社会环境。在社会环境中，对孩子影响最深刻、最持久的是家庭环境。

【他山之石】

国外非常重视幼儿家庭教育

1. 美国：幼儿教育——"望子成人"

教育从生命第一天开始。创办"从出生到3岁"培训班，以1981年密苏里州教育部创办的"父母作为老师"(PAT)的项目最为著名。目前该组织已将它们的项目推广至全美 47 个州，培训了 8000 名“父母辅导者”。这些工作人员主要是每月对每一个家庭进行 1 小时的家访。

另外，有一项以家庭为基础的父母教育计划，称作 HAPPY 计划：学龄前儿童的家庭指导计划。该计划得到了美国前总统克林顿的支持。HAPPY 计划直接把培训带入家庭，计划中的母亲们每周受到一次访问，每隔一周参加一次与其他父母们的集会。美国父母在如何让孩子尽早具有独立性和智力的潜质开发方面独具匠心，下了很大的功夫。有人说中国孩子是抱大的，而美国孩子则是爬大的。这种说法一点也不为过。在美国，无论在哪里，都可看到蹒跚学步的孩子。如果孩子跌倒了，父母一般不会主动跑上前去，弯腰伸手扶起孩子，而只是叫一声起来，小孩看到没有大人扶，就只好自己站起来，除非摔得个头破血流。无论在公园里，还是在街头抑或是飞机的过道上，都可以看到小孩在前面摇摇晃晃地走，父母在后跟着跑的惊险镜头。

美国父母十分注意与孩子的交流。当孩子呱呱落地时，做父母的就试着与牙牙学语的孩子交流，将父母的感情传给孩子。美国的父母已达成共识，想要培育出一个聪明可爱的孩子，首先应学会从孩子一出生就开始和他交流。父母不用担心这种交流会变成单方面的意愿，因为孩子一出生就有了与人交往的能力，而且愿意和你们交往。母亲一刻也没有停止与自己 2 岁和 5 岁的孩子进行交流，同时母亲也像一个循循诱导的教师一样，孩子有问必答，与孩子促膝谈心，就像是兄弟姐妹那样，非常平等，尊重彼此，没有凌驾于孩子头上的架势。

妈妈是宝宝第一个和接触时间最多的交流对象，母子间目光相互注视就是交往的开端。妈妈还可利用一切机会与宝宝交流，如：喂奶、换尿布或抱宝宝之际都会和他说话，并展出微笑的面容，说一些诸如“看看妈妈”、“宝宝真乖”等亲密的话语。如果宝宝在吃奶时听那些话，就会减慢吸吮的速度，甚至停止吸吮。

交流的方式可以是多样化的，除了和宝宝“交谈”，还可以和宝宝逗乐，比如摸摸宝宝的头、轻轻挠宝宝的小肚皮，以引起宝宝的注意，并逗引他微笑。当宝宝微笑时，要给予夸奖，妈妈那轻轻一吻也是给宝宝的美好奖励。

利用一切机会和宝宝交往，让宝宝在和父母的交往中辨别不同人的声音、语境，认识不同人的脸、不同表情，维持愉快的情绪。美国孩子为何长大上大学后独立性强、具有分析问题和解决问题的能力、可塑性大，这与父母对幼儿的语言开发是分不开的。

美国孩子很小就与父母分开住，孩子单独睡一个房间。孩子到了 18 岁时，就得自己挣钱解决生计，这倒不是父母没钱，而是让孩子自己挣钱早日独立。比起亚洲父母的“望子成龙”，美国父母大概也就是个“望子成人”吧！

2. 韩国：讲究寓教于乐

韩国幼儿园的教育在注重培养孩子的素质的同时

讲究寓教于乐。幼儿园四月、七月、十月和十二月的活动主题则分别是春、夏、秋、冬，主要是围绕这四个季节开展教学，注重培养孩子的观察力。比如十月份的活动主题就有："领悟秋天的变化"、"中秋节"、"累累果实"、"韩国的秋天"、"世界的秋天"。

其它月份则结合韩国的传统、现实生活来教育孩子。比如五月是韩国的家庭月，韩国的父母节、儿童节都在这个月份。在幼儿园五月的活动主题就是"我和我的家庭以及邻居"。主要是培养孩子的自我认知能力，对家人、邻居的感情，对周围环境的认知能力。比如说，在"我的邻居"这一活动中，要求孩子介绍自家的邻居，这样就自然而然地使孩子锻炼与人交往和语言沟通的能力，让孩子自然地除了关注自我家庭，也要关注周围的"小社会"。

3. 印度："粗放式"育儿

越来越多的印度教育专家发现，真正的学习是在合上课本之后开始的。诸多试验表明，只要运用得法，一个废弃的包装袋、几根火柴棒等都可以作为教具，其作用比传统的教室黑板粉笔教学法更大，学习效果更好。

巴萨娃女士对纸板画和蜡笔工艺有独到的钻研，她在为小学教师举办的讲座上大力宣传和推广她的新趣味教学法。

趣味教学法可让孩子们在纸板上画各自所在的街区，然后剪下来。我选择了10张画，把它们粘起来成为一大张，在中间画上两条马路，然后把学生画的房子粘在路边。学生们可高兴了。他们又在大画纸上添上树木、商店、小鸟、汽车等等。这使得每个孩子都增添了巨大的成就感。

印度教育界的同行们对巴萨娃女士的这种教学方法大加赞赏。专家们说,这类练习使孩子们不再脸红害羞。让孩子上台表演一出喜剧,学习表演技巧,理解角色心理等,都可以培养孩子们的心理素质、社会交往能力,并可以促进其智力的开发。这些实际上是真正的教育——素质教育。

4. 犹太人:理性的教育方式

犹太家庭十分注重让孩子在童年时代得到良好的教育。据联合国教科文组织 1998 年的一次大调查表明,在以犹太人为主的以色列,14 岁以上的以色列人平均每月读一本书,全国 450 万人,就有 100 万人办有图书证。

几乎每个犹太家庭从小就培养孩子具备理性的思维方式。每个孩子都要回答这一问题:“假如有一天你的房子被烧毁,你将带什么东西逃跑呢?”若孩子回答是钱或钻石,母亲会进一步问:“有一种没有形状、没有颜色、没有气味的宝贝,你知道是什么呢?”若孩子回答不出来,母亲就会说:“孩子,你要带走的不是钱,也不是钻石,而是智慧。因为智慧是任何人都抢不走的,你只要活着,智慧就永远跟着你。”犹太人一心追求知识,并以不同寻常的方式代代相传。

犹太家庭不但重视知识,而且更重视才艺。他们

崇尚创新，认为没有创新的学习只是一种模仿，学习应该以思考为基础，要敢于怀疑，随时发问。怀疑是开启智慧大门的钥匙，知道越多，就越会发生怀疑，而问题也就随之增加。所以，许多犹太人家庭里碰到放学的孩子，第一句话就是“你又提问题了吗?”有人称犹太民族是一个企图提示自然和人类秘密的哲学家民族。喜欢思考宏观的、深层次的问题，喜欢抽象，喜欢逻辑，拥有永恒的探求心境，铸成了犹太人家庭教育的核心。

5. 新西兰：教育从出生开始

1972 年开始从事婴儿成长跟踪。1993 年启动了 3 岁前婴儿发展与教育的国家计划——“普卢凯特计划”。新西兰教育部在《面向 21 世纪的教育》报告中指出：“教育必须从出生开始。”目前，新西兰已经有 82% 的 3～4 岁的儿童加入了早期儿童教育计划。

6. 秘鲁：建立“娃娃之家”

建立了 3 岁前的“娃娃之家”工程，专门对 3 岁前的孩子进行早期教育。

7. 加纳：教育儿童不能等待

加纳有一个以《儿童不能等待》为题的 0～6 岁儿童发展计划，对该年龄段的孩子进行系统的教育。该计划已经列入国家行动计划。

◎“家庭是真正的学校”

“家庭是真正的学校”，这是俄罗斯白银时代思想家洛扎诺夫一篇文章的题目。将家庭作为教育的一个重要环节，这是洛扎诺夫的一个重要观点。的确，家庭始终是值得开发并利用的教育资源。

专家通过采用问卷调查法，并结合使用观察法和谈话法，结果显示：家庭教育对幼儿行为习惯的形成有着巨大的影响：

1. 生活卫生习惯

63%的幼儿能坚持做到饭前便后洗手，67%的幼儿能保证每天刷牙一次，26%的幼儿能做到早晚刷牙两次。

在幼儿卫生习惯较好的家庭中，家长能起到模范带头作用的占 98.5%，只有 1.5%的家长表示在幼儿不注意情况下偶尔偷次“懒”；而卫生较差的幼儿，其家长在生活卫生方面的表现成了幼儿养成不良习惯的活教材。另外，家长在卫生部门工作的幼儿，都有很好的生活卫生习惯。

以上结果充分说明了，幼儿良好生活卫生习惯的养成，需要良好的家庭教育。随心所欲的教育，结果只能使幼儿向相反的方向发展。

2. 生活自理能力

调查分析显示，幼儿生活自理能力与幼儿家庭结构有很大的关系。从本次调查结果看，需要家长帮着脱衣服的幼儿占被调查总数的 16%；吃饭需要家长督促的占被调查总数的 15%；玩过的玩具需要家长来收拾的占被调查总数的 32%；把这些“饭来张口，衣来伸手”的

幼儿与其家庭结构相互对照发现，他们当中有85%是生活在三代同堂的家庭里。

三代同堂的家庭中，爷爷、奶奶等祖辈视幼儿为掌上明珠，事事不舍得放手让幼儿做，幼儿既得不到学习和锻炼，又养成了懒惰的坏习惯，所以生活自理能力较差。

3. 学习习惯

调查结果显示，幼儿学习习惯的好坏与家长的学历有很大的关系。家长的学历越高，知识就越丰富，越注意培养幼儿良好的学习习惯，并在对幼儿的教育和学习习惯的培养上得心应手。

4. 礼貌待人行为

在一项调查中人们发现，36%的家长能做到注意自己在家中尊敬老人，为孩子树立榜样，10%的家长不太注意自己的言行，但也教育幼儿要尊敬老人。这说明占被调查总数96%的幼儿从小就受到了良好的尊老教育，这些幼儿在日常生活中尊敬老人方面的表现也是比较好的。另外4%的家长没有想过教育幼儿尊敬老人这个问题，自己在家中的表现也比较随便，结果发现这些家庭中的幼儿在尊老方面表现较差。

家庭教育在幼儿行为习惯的养成中起着重要作用。家庭是帮助幼儿养成良好行为习惯的力量，而不应成为幼儿不良习惯滋生的温床。

5. 认知与个性

家庭教育对于幼儿认知、个性的发展起着非常重要的作用。家庭对幼儿个性发展的独自贡献量占总贡献量的比例高于幼教机构。家庭教育是幼儿教育重要组成方面，幼儿学龄前的家庭教育不是幼儿园教育和社会教育可以替代的。

【专家评析】

幼儿是在家庭、幼儿园、社会三种环境中成长的，家庭教育对幼儿行为习惯养成以及认知和个性发展等方面的影响超过幼儿园，是任何其他教育无法替代的。但是，现在仍有许多的家长对家庭教育的认识不够充分，没有意识到家庭教育的重要作用，结果，疏忽了对幼儿的教育，使幼儿失去了健康、顺利发展的坚实基础。家长必须认识到家庭教育的重要性，发挥家庭教育在幼儿成长中的重要作用。

◎力避不良家庭氛围对孩子成长的影响

夫妻和睦相处，家庭生活幸福、美满，孩子才能健康成长。夫妻关系紧张，经常发生冲突，对子女的成长十分不利。家庭氛围对子女成长有着明显的影响。

1. 和谐型家庭

最大特点是民主与尊重。家庭成员相互尊敬，彼此体贴、关心。如有矛盾，多是心平气和地协商解决。但是这种家庭的思想往往比较“正统”和“保守”。这种家庭的子女，多数性格开朗，待人有礼貌，遵守法纪，有较强的上进心和较高的自觉性，比较容易接受教育。不足之处是胆子小，循规蹈矩，缺乏闯劲。

2. 吵闹型家庭

夫妻常因家庭琐事闹矛盾，轻则吵闹，重则打架，或因父母一方性情暴躁、独断专横，家庭成员不和等。

在孩子初学说话阶段，如果夫妻经常吵架或经常训斥孩子，可造成孩子日后口吃；可使孩子对家庭产生恐惧感，导致睡眠欠佳；孩子缺乏父爱或母爱，会影响到孩子的身体发育，致使孩子的身高、体重、智力等明显低于其他同龄儿童。夫妻关系紧张，易拿孩子出气，孩子的感情受到压抑，易导致消化不良和消化道溃疡等疾病；还会使孩子精神紧张，性格内向，日后易诱发抑郁症等精神疾病。

家庭没有欢乐感，孩子感到压抑，变得胆小、猥琐。在这种气氛中长大的子女，敏感、聪明、急躁和好强，有成才的希望，但如不加引导教育，极可能走上邪路。

3. 冷淡型家庭

最大特点是家庭结构不“紧密”，谁发生了什么事，大家不大关心。这种家庭的子女性格比较温和，但有些孤僻。他们遇事冷静，却缺乏敏感和热情，上进心也不太强。这样的子女，一般来说既闯不了大祸，也不会有太大的作为。

4. 不检点家庭

父母在孩子面前不注意检点行为，言谈没有分寸，举止过分亲昵，有意无意地向孩子传递“性信息”，导致孩子过早萌生性意识和产生性冲动。如果家长无教育引导措施，孩子有可能走上犯罪的道路。

5. 不自尊家庭

父母私心严重，爱占便宜，偷盗东西，蛮横护短，不尊敬老人，等等。孩子受此熏陶，便会形成心胸狭窄、刁钻自私、患得患失的不良性格。

6. 不廉洁家庭

父母掌握一定权力或有社交能力，又不廉洁自律，时常贿来赂往，生活铺张浪费。孩子容易滋生好逸恶劳、势利尖刻、惟利是图的品行。

7. 不开明家庭

父母文化素质低，家庭无文化气氛，很少与外界交往，教育观念封建愚昧。这种家庭的孩子反应迟钝、孤陋寡闻、因循守旧，缺乏创新意识。

8. 不健全家庭

单亲家庭或父母一方长期不在家的家庭，孩子易形成孤僻古怪的性格，严重者会出现扭曲变态的心理。

【专家评析】

安全感的建立更是孩子快乐成长的基础。一个没有安全感的孩子不会是一个快乐的孩子。有一个幼儿园老师讲了这样一件事：有一天一个小女孩，到班上后情绪很低落，饭也吃得很少，老师组织活动时，注意力总是不集中，很少说话，也不和小朋友活动。自由活动时候，老师主动和她交流，她才告诉老师：昨天爸爸妈妈吵架了，很害怕不敢睡觉，“妈妈不要我了”。说着说着孩子就哭了。由此可见，在儿童的成长过程中，和谐的家庭是十分重要的。

儿童安全感建立的关键是和谐的家庭氛围。包括：家庭成员之间的关系、夫妻关系、亲子关系、父母之间关系等，都会对孩子的安全感产生直接影响。家庭成员之间的和睦相处，互相体贴，互相关心，夫妻之间相互尊重、和睦相处、恩恩爱爱，会给孩子以极大的安慰和轻松感，同时，也有利于儿童通过耳濡目染养成关心和帮助他人的优良品德。

温馨提示

夫妻之间如果经常吵架甚至拳脚相加，则会把家变成孩子烦恼的根源，使他经常处于惶恐不安之中，进而影响以后的正常发展。

◎让亲子交流充满于生活细节

生活中，常常可以见到一种亲子间交流的缺失现象。亲子间交流的缺失是家长与孩子产生隔阂的最主要原因。不少家长都有这样的烦恼：孩子愈大，便愈难与他沟通，甚至不知应该怎样去交谈，往往说不了几句，孩子就表现得一脸不耐烦，或别过脸去，或返回自己的房间。这显示了亲子之间尚未能建立起积极正向的情感反应。其实，父母对孩子的一个眼神、一个动作、一句短短的问候，一个亲热的吻，这些自然而然的接触都是一种亲子交流方式。家长应在生活各个细节增加跟孩子之间的感情，让点点滴滴汇聚成亲子交流的纽带。

1. 眼神交流

当可爱的宝宝睁开双眼时，你一定要把握住这短暂的第一时刻，用温柔地延伸凝视他。要知道，婴儿早期就能认清别人的脸，每次当他看着你的时候，都在加深对你的记忆。

2. 呀呀儿语

你看到的可能只是一张天真无邪、不谙世事的小脸，但不妨给他一点机会，让他也能和你交谈。很快，他就会捕捉到与你交流的节奏，不时地插入几句自己的“言语”。

3. 母乳喂养

尽可能地用母乳哺喂宝宝。妈妈在哺乳的同时，给宝宝哼唱儿歌，轻声细语地与他交谈，温柔地抚摸他的头发，这样可以增进亲子关系。

4. 吐吐舌头

有实验表明，出生 2 天的新生儿就能模仿大人简单的面部表情。

5. 照照镜子

让宝宝对着镜子看自己。起初，他会觉得自己看到了另外一个可爱的小朋友，他会非常愿意冲着“他”摆手和微笑。

6. 互呵痒痒

笑声是培养幽默感的第一步。你可以和宝宝玩一些小游戏，比如“呵痒痒”等，有助于提高孩子参与的积极性。

7. 比较差异

把两幅较为相似的画放在距离宝宝 8～12 寸的地方，比如，其中一幅画中有棵树，而另一幅中没有，宝宝一定会两眼骨碌碌地转，去寻找其中的不同。这对宝宝今后的识字和阅读能力大有帮助。

8. 共同分享

带宝宝外出散步的时候，不时地跟他说你所看到的东西——“看，那是一只小狗！”、“好大的一棵树啊！”、“宝贝，你听到铃声了吗？”……最大限度地赋予宝宝扩充词汇的机会吧。

9. 一起发傻

小家伙非常喜欢和你一起发出傻呼呼的声音：噢、咯、嗯、哼等，偶尔还会发出高八度的怪叫声。

10. 共同唱歌

尽量多学一些歌曲，不妨自己改编歌词，在任何情况下都可以给宝宝唱歌，还可以让宝宝听一些优美动听的歌曲。研究表明，在音乐的熏陶下，有助于孩子数学的学习。

【专家评析】

亲子交流的最佳方式就是家长能尽量多地与孩子一起参与亲子活动。孩子最好的学习范本就是你。跟孩子一起聊天，一起唱歌，一起大笑——每天的亲子交流就是最有效的学习。专家称：“‘跳蚤市场’活动的好处在于，它给亲子交流提供了一个很好的平台。”

亲子交流不可能一蹴而就，贵在坚持。未来的家庭是学习型家庭，父母不断学习文化知识，掌握丰富的亲子交流方法，不仅能提高家庭教育的水平，而且这种学习态度和学习精神，也为孩子树立了榜样。

父母心理素质对家庭心理氛围影响极大。当家庭在生活中、工作中、孩子成长中遇到困难时，父母情绪稳定、积极乐观、对家庭有责任感、对孩子有信心，适时进行亲子交流，实际上就已经为孩子营造了一种良好的家庭心理氛围。

心理学研究表明，在道德判断和价值定向方面，父母与子女的相关系数为0.55。孩子思想品德素质正处于形成时期，可塑性强，孩子和父母生活在一起，耳濡目染，父母的一言一行都是亲子交流，起着潜移默化的教育作用，对孩子影响非常深刻。正如教育家马卡连柯所说："你怎样穿衣服，怎样和别人谈话，怎样谈论其他人，你怎样表现欢欣和不快，怎样对待朋友和仇敌，怎样笑，怎样读报……所有这些，对儿童都有很大的意义。"

温馨提示

因此，通过亲子交流，父母高尚的情操，文明的举止，会深深感染孩子，从而促使家庭的心理氛围积极向上。

◎ 经常向孩子释放爱的信息

对于人的一生来说，0～3岁正是一个学习和探索的阶段，很多事情对他来说都是那么新鲜有趣，所以他都想去尝试一下，想查看一个究竟。也正因为不了

解，所以才会经常犯错误，折断了爷爷的盆栽，打碎了奶奶的眼镜，扔掉了妈妈的化妆品，待在马桶边说要钓鱼……在大人看来，这些行为都是荒诞不经的，可是对宝宝来说却是别有一番乐趣，因为这些都是他们一手造成的。

面对孩子造成的一塌糊涂，您可能会感到厌烦和愤怒，但是，这是每个孩子都必须要经历的成长阶段，谁都无法避免，与其埋怨和责备孩子，不如从积极的方面去鼓励和引导孩子，不断释放爱的信息，让孩子在爱和鼓励的环境中开心成长。

1. 满足孩子基本需求

对于婴幼儿而言，满足他的基本需求是最重要的。在人生的最初阶段，要给予宝宝持续稳定的爱，尽量满足宝宝一切的身心需要，这将有助于发展良好的亲子关系。一般来说，生理上的需要如哭闹、大小便、肚子饿等等，只要马上处理，就可让宝宝立即得到满足；而心理上的需求则比较耗费时间，比如情感上的满足，宝宝的年龄越小，对大人的依赖就越强，这就要求大人要不间断地频繁地出现在宝宝身边，随时向宝宝传递这样的信息："宝宝，我在乎你。"

2. 随时来一个拥抱

当宝宝需要拥抱的时候，记得要随时张开双臂，全心全意地将宝宝抱在怀里。要知道，宝宝要求拥抱是在寻求安全感，是想通过和爸爸妈妈的身体接触来获得一种亲密的感受。拥抱之间交流的不仅仅是体温，更重要的是无形的情感交流。

3. 大声说"我爱你!"

爱,不仅需要时间来培养和积累,更需要用行动来表达。每个人都喜欢听"我爱你",虽然只是短短的3个字,但威力却是无穷的哦,爱让人充满勇气和希望,想要让宝宝明白你对他的爱,最好最快最直接的方式就是大声说出来,宝宝还小着呢,难以揣摩大人的意愿,如果你来个"爱你在心口难开",他可真是理解不了呀。

4."来,宝贝,亲一个!"

亲吻是接纳对方的一种表示,也是爱的表达方式之一,小宝宝的身上哪儿都是粉嫩嫩的,到处都可以打个kiss哟,比如额头、脸颊、脖子甚至是宝宝的小肚皮,在亲吻宝宝的时候配合"啧啧"的声音,则会让宝宝感到更加受用,入睡前来个安吻,可以安抚宝宝的情绪,也能让亲子关系更加融洽。

5. 伸手摸摸小脑袋

用温暖的大手摸摸宝宝的小脑袋,这是带点溺爱意味的行为,通常这种单纯的肢体行动会伴随着语言一起出现,比如爸爸可以抚摩着宝宝的脑袋说:"好,做得好!"当宝宝情绪沮丧的时候,摸摸他的头还带有一种"无声胜有声"的安慰意义,宝宝肯定能真切地感受到。

6. 给个甜美的微笑

和宝宝亲密接触的时候,单是甜蜜的微笑就能让宝宝感到快乐。当宝宝开始学习走路的时候,爸爸妈妈记得要用"微笑"鼓励他勇敢地迈出第一步,摔疼了,就给他安抚和呵护，跌倒了，就让他自己站起来，或者帮助他站起来，切记不要保护过度，这样不利于孩子养成坚强的性格 。

7. 睡前讲美丽故事

大家都知道孩子特别喜欢听故事，在宝宝睡觉之前，请选择温馨、优美、富有想象力的故事读给宝宝听，让宝宝感觉到温暖和爱护，这样可以安抚宝宝的情绪，以便尽快平稳入睡。另外也可以放音乐给孩子听，但是不要播放讲故事的录音，因为单纯的录音远不如真人的表情加语音效果好。

其实孩子还在母体里时候，胎儿 6 个月后就可以给他讲故事，胎儿七八个月大在做 B 超时，你轻轻地抚摩腹壁，并讲故事，可以看到孩子的小手就举到嘴边，他兴奋的把双手举起来。孩子出生以后，你还讲故事，讲他听过的故事，显得特别兴奋。你要是讲一个新故事，他手脚乱动，孩子的听觉是有辨别能力的。讲故事不仅能扩大儿童的知识面，而且有利于发展孩子的记忆力和口头语言表达能力。在讲故事的过程中，可以在情节转折处提出适当的问题，让孩子猜猜结尾如何，并讲讲自己的想法，以训练孩子的想象力和创造力。

8. 和孩子一起读诗歌

开展这样的活动，有助于丰富孩子的词汇，陶冶孩子的情操。比如给孩子读儿歌，教给你一个窍门：孩子是新生儿时，给他说三字短句儿歌，比如“小扬扬，你饿吗？洗洗手，请安静，闻一闻，真香啊！”非常有节奏感，孩子容易理解，他的语言中枢才能刺激很强。到了4岁，孩子会说短句，我们再把句子延长。5～6岁孩子，已经有了一定的生活经验和语言表达能力，要鼓励他仿编、续编儿歌，也可以玩成语接龙的游戏。比如：把汉字做成字卡；再比如，让孩子边读诗歌边摆字卡。

9.“宝贝，你是最棒的！”

古人云：“数子十过，不如奖子一长”，你数落他10次，不如奖励他1次。大家都知道世界上唯一的一个少年博士，德国的卡特，他的父亲就是采取了这种教育方法，从小做行为录，只要一做了好事，父亲就给他记录一笔。他为了父亲记录下来，就去做好事。只有孩子做出了很大的努力取得了成功才能奖励。我们给孩子的表扬应该是恰当的、理智的，就事论事。比如收拾玩具，他主动的把玩具收拾得非常好，我们就说“宝贝，你真棒！”。表扬语言要简单，同时点头一笑，或抚摸他一下头，也可以竖一下大拇指，还可以拍拍手。

10. 为孩子进步鼓掌

如果说光是语言上的赞美和鼓励还不足以表达你的欣喜之情，那么就鼓掌好了，掌声是正向的肢体语言。当孩子表现良好的时候，适时地给予掌声并配合称赞的话语，比如“进步真快呀！”“做得太棒了！”等等。这样对孩子的激励会更大，孩子能感觉到更多的认同和自豪感。

11. 奖励他一张贴纸

对于喜爱小玩具的宝宝而言，漂亮的贴纸具有很大的魔力。爸爸妈妈可以和宝宝约定好，当宝宝表现良好的时候，就奖励他一张星形或花形贴纸。等这些奖励的贴纸积攒到一定的数量时，可以答应宝宝一个小小的请求，这个请求一定要在事先约定好，而且最好不要经常拿物质性的东西来做奖励，即便是要拿实物来做奖赏也不要轻易送出，可以选择特别的日子送给宝宝，比如节假日或者家人的生日，等等。这样更能让宝宝感受到奖励的可贵。

12. 颁发“好宝宝”奖状

既然物质性的奖励不适合经常使用，那就另辟蹊径吧，给宝宝做个“好宝宝”奖状，拿一张精美的大卡片和一堆可爱的小卡通图案就可以了，宝宝表现好的时候就在大卡片上贴上一张可爱的卡通笑脸，当集满了 N 张笑脸之后，就换发另外一张更别致的奖状，以此给宝宝长久的鼓励。

13. 专心听宝宝说话

当宝宝和您说话的时候，千万不要认为他是小孩就可以心有旁骛地做着其他事情，这是不重视宝宝的表现，请务必专心听宝宝说话，只有宝宝感觉到您愿意听，他才会更有兴趣说下去，从他的言谈中，可以了解到他最近在想什么、喜欢或讨厌什么、碰到了什么好玩的或烦恼的事情等等，虽然也许很琐碎，但这表示宝宝愿意和您分享他的生活。

14. 坚持 5 分钟对话

宝宝太小，亲子对话的时间太长也不能全部理解，而且宝宝注意力集中的时间短，所以亲子对话的时间不要太长，5 分钟就足够。重要的是把握好亲子对话的时机，在宝宝愿意和您交谈的时候再开始谈，而且在谈话的时候要全身心地投入。当宝宝还小的时候，父母就是他的全部，自然会唧唧喳喳和你分享他的一切。等孩子长大成人有了自己的生活圈之后，便不再依附于父母，如果您那时还希望能和孩子保持儿时的亲密关系，就请从现在开始养成良好的亲子对话的习惯吧。

15. 共进美味早餐

经过一夜的漫长睡眠之后，身体的血糖会降低，只有补充营养才能恢复活力，如果空着肚子去上幼儿园的话，不但对宝宝的身体健康有害，还会影响宝宝的情绪和在课堂上的表现，宝宝容易感觉沮丧、提不起精神，学习的效率也会降低，因此，无论您有多么疲劳，请您在尽可能的情况下给宝宝准备一顿美味的早餐。

16. 做孩子的避风港

父母要做一处温暖的避风港，让孩子在受伤时有一个疗伤的地方，要让孩子知道，只要他需要，父母随时都会在他身边，这样孩子才会有勇气去尝试新的事物。不要认为孩子还小，不懂得什么是失败和挫折，要知道他也会有负面的情绪，爸爸妈妈要当好他的听众，容纳下他所有的埋怨和牢骚，对于他生气、不开心的原因，既不要责怪也不要取笑。小孩的情绪一般来得快去得也快，等他情绪平静下来之后，就没什么大问题了。

17. 减轻孩子的焦虑

让孩子随时感受到爸爸妈妈对他的浓浓的爱，将能够大大降低他的分离焦虑。每天送他去幼儿园的时候都拉着他的小手，到达之后亲手把他交到老师手里，让宝宝对老师产生一种信任感，在离开时要蹲下和宝宝说再见，告诉他爸爸妈妈要去工作，下午会来接他回家，让他知道在幼儿园内他会度过开心的一天。这样时间久了，宝宝就会知道幼儿园只是白天暂时停留的地方，爸爸妈妈会定时来接他回家，而并非是要抛弃他。

18. 陪孩子一起玩耍

和孩子一起玩耍，也是奖励的一种方式，不过要玩什么才好呢？当然最好是益智型的玩具啦，在游戏的同时还能开发孩子大脑潜能，其实也可以利用日常用品来做玩具，比如扣子啊，饮料瓶盖子，等等。这些既可以教孩子来学习数学，又可以学习分类的概念。尤其是0～6岁的孩子，他进行探索的主要手段就是玩。所以在家里用游戏的口吻跟孩子说话，孩子就听你的，有助于开发孩子的智力，有助于培养孩子的情绪，寓教于乐。孩子和家人都坐在一起做一个亲子互动游戏，目的是让孩子背儿歌："传传传传传，大家慢慢传，传到你手里，传到我手里，传到最后一个就是你。"唱儿歌，不能老传到一个人手里。就是通过亲子互动，让孩子有一个自我表现的机会，培养孩子大胆、语言的复述、讲故事，复习学过的知识。

29. 小事让孩子做主

2～3 岁的宝宝已经是个小大人啦，凡事都有自己的想法和意见。在爸爸妈妈总是问他“行不行”、“好不好”的时候，他一般都会回答“不行”或“不好”，因为在小小孩的心目中要以“否定”来肯定自己的存在。了解了孩子的这种心理之后，我们不妨在一些小事情上让宝宝来做主，比如玩什么玩具、听什么音乐、穿什么鞋子等等，在这个过程中，让宝宝自己去判断、去决定一些事情，并且从中获得成就感。

20. 从孩子角度思考

大人要尝试着从孩子的心理角度出发去思考和解决问题，尽量多揣摩一下孩子心里是怎么想的，他为什么会怕黑？为什么会和别的小朋友打架？我们小时候有没有怕过黑？我们小时候是不是也经常和其他的小朋友打架？很多看似无法理解的问题，只要我们站到孩子的角度去看一下就明白了。孩子的心理本来就是这样的嘛，了解了事情的缘由之后，我们再加以耐心的引导，问题的解决就不困难了。

21. 注重精心时刻

精心时刻的焦点是在注意力上。它的意思是给予孩子全心的关注。它传达的信息是：你很重要。我喜欢跟你在一起。这使孩子觉得他对父母来说是世界上最重要的人。他觉得真正被爱，因为他完全单独拥有父母。精心时刻最重要的因素并不在于事件本身，而在于你们一起行事，也就是同在一起。

22. 以服务行动示爱

为孩子所做的服务行动最高目的在于帮助他成为成熟的大人，并学会借服务的行动去爱别人。而服务不单包括帮助自已爱的人，也要服务那些根本无法回报或偿还这些慈爱的人。父母所做的服务行动应该适合孩子的年龄。你应该做孩子不能做的事情。当他们到 6 岁时，你不能仍然喂他们吃饭。为 4 岁的孩子铺床是一个服务行动，但 6 岁的孩子就应自已学做了。如果父母要求太完美而不让孩子做，这非但不是爱孩子，反而是害了他，让他裹足不前。

【专家评析】

提高幼儿早期教育质量，家长和孩子之间保持和谐的关系，是不可忽视的重要因素。关系和谐了，孩子就会无拘无束地愿与家长交流，自然有助于家长向孩子施教。成长中的孩子需要亲子交流，家长需不断充实自己，提高综合素质，努力营造一个宽松、和谐的亲子环境。

和孩子开玩笑，是调节两代人关系和谐的好方法。作为家长，需抓住适当时机与孩子开一些幽默高雅的玩笑，以活跃气氛，使孩子在开心中增长知识，营造一个好心情，逐渐缩短与家长的心理距离。

3 岁以前的孩子的思维是直观的，想什么做什么。比如，给他一个小棍，他就会打枪、舞棒（武术演员），还有模仿老爷爷。思维活动就开始了，我们在教育当中，适宜的暗示，启发孩子的思维，到了 3、4 岁就比较具体，

5岁以后就有比较逻辑的思维能力了。在进行教育的时候要创设环境，提供工具。比如拿一个小草帽或小茶壶，孩子模仿钓鱼、开茶馆、卖西瓜。

身体接触是最易于使用的爱的语言，有时不说一句话，利用身体语言如微笑、拥抱、点头等，让他知道你是多么疼惜他，不只是当他表现良好时。研究显示，常被人握着、拥抱和亲吻的婴儿，比那些长期被甩在一边无人碰触的孩子容易发展出健全的感情生活。在国外有一家孤儿院，收养一些没人要的小孩，最初的时候，有一些很小的孩子来了之后，总是爱得病，而且有的还活不太长，后来他们规定每天每个婴儿都被抱半个小时，这种情况就改变了！

不要担心孩子听不懂赞美的确切含义，即便是他听不懂，单是从你的眼神和表情当中，他也能感觉到那是对他的肯定。自从孩子出生之后，爸爸妈妈就应该懂得及时、适时地赞美他。孩子做对了事情得到了鼓励和赞美，会激发一种内在的动力，让孩子以后表现得更好，一开始孩子可能会因为想得到赞美而去注意一些行为，但是经过长时间的积累之后，这些良好的行为就会内化成孩子的一种习惯，行为举止中自然而然地就能流露出来。

送给孩子漂亮的衣服，精美的礼物，这固然是孩子所喜欢的，不过，孩子更需要的还是充满欢乐和关爱的精神生活。在孩子遇到挫折和困难的时候，我们要及时给孩子传递爱的鼓励，让孩子重新站起来，坚强地去面

对一切。

有些家长只有在孩子小的时候才表达亲昵的行为，当孩子渐长便改以冷淡的态度，甚至拒绝孩子的“痴缠”。然而温暖的身体接触可令孩子切身体会到家长的关怀；此外，也别忘了接纳孩子对你表达的爱意。

温馨提示

父母有了良好的沟通能力，不但可以建立起亲密的亲子关系，更可帮助孩子成长。愿天下父母记住：孩子渴求平等，渴求与父母心灵沟通，请不要对他说“这里不是你发表言论的地方”。

【小贴士】

美国人教子十二法则

1. 归属法则：保证孩子在健康的家庭环境中成长。

2. 希望法则：永远让孩子看到希望。

3. 力量法则：永远不要与孩子斗强。

4. 管理法则：在孩子未成年前，管束是父母的责任。

5. 声言法则：要倾听他们的声音。

6. 榜样法则：言传身教对孩子的榜样是巨大的。

7. 求同存异法则：尊重孩子对世界的看法，并尽量理解他们。

8. 惩罚法则：这一法则容易使孩子产生逆反和报复心理，慎用。

9. 后果法则：让孩子了解其行为可能产生的后果。

10. 结构法则：教孩子从小了解道德和法律的界限。

11. 二十码法则：尊重孩子的独立倾向，与其至少保持二十码的距离。

12. 四W法则：任何时候(whatsoever)都要了解孩子跟谁在一起，在什么地方(were)，在干什么(what to do)，以及什么时候回家(when)。

二、尊重孩子才会赢得孩子信任

3～6 岁的幼儿还处在心理成长发展和人格形成的关键时期，他们具有巨大的发展潜力，可塑性大。由于他们在心理上极不成熟，自我调节、控制水平较低，自我意识还处在萌芽状态，极易因环境等不良因素的影响形成不健康的心理和人格特点。不少家长把幼儿当作自己的附属物或私有财产，期望通过幼儿去实现自己未能实现的愿望和理想，去补偿自己生活中的缺憾。幼儿是独立的、有意识的、有思想的个体，应该得到家长的尊重与平等对待。尊重幼儿才是父母最深刻的爱。

◎还给孩子的一百个世界

心理学家曾做过这样一个实验：用铅笔画出一个近似圆的图形，向很多人提问："这是什么？"结果绝大多数成人都说是一个圆或椭圆，除此不会再说别的。但孩子却说出了许多不同的答案，如太阳、月亮、西瓜、气球，等等。可见孩子的想象力有多丰富，他们眼中的世界是如此之精彩。

世界著名的瑞吉欧学前教育系统的创始人马拉古兹的一首诗中云："儿童，是有一百种组成的。儿童，有一百种语言……一百个世界……但是被偷走了九十九。

学校和文明，将孩子的身心分离……”这首充满哲理性的诗句告诉我们，儿童有自己独特的精神世界，他们正用自己独特的眼光、独特的思维、独特的见解，去观察他们眼中比成人世界所见到的更丰富更宏大的世界。

【专家评析】

把孩子的九十九个世界偷走原因是：

第一是“圈养”教育。我们成人太小觑儿童了，常用自己的标准去裁剪儿童的世界，把他们看作什么都需要照顾的对象。有些家长急不可待地催促孩子尽快长大，抓紧每一分钟去教育他，思考着下一步应让孩子发展什么？然而正是成人这种充满“爱”的教育，把儿童的世界给压抑了，使他们原本多姿多彩的童年世界抹上了阴影，失去了欢乐，使儿童在现实生活中形成了依赖、懦弱、缺乏自主自信、任性、骄横的性格。

第二是“灌输”教育。我们成人习惯于注重如何把教材中的知识灌输给儿童，把他们当作简单的知识接受器。这种教育作用于幼儿后，便限制了幼儿的思维发展，压抑了幼儿的积极主动性，剥夺了幼儿探索尝试发展能力的好机会。幼儿积极的自我意识是幼儿健康心理和人格形成的核心内容，幼儿对自己积极的认识来源于成人的尊重、认可和夸奖，从而形成积极的自我意识和自信心。家长要学会寻找幼儿的闪光点，恰如其分地让幼儿相信自己是有能力的，时时以肯定的语气鼓励孩子的进步。让每个孩子相信，我能行。我们还要让幼儿体验成功，形成良好的自我价值感。

在亲子关系模型中，一个重要问题是要保护孩子自尊心和自信心。

1. 不要“忽略孩子的存在”

在孩子生命早期1～3岁间，家长对孩子不闻不问，孩子的解释家长不听。这样既会损害孩子的自尊心，又会损害自信心。他会认为自己不够好，父母不认为自己是有价值的。“忽略孩子的存在”是比打骂孩子还严重的恶习。父母以为：孩子还小，还不懂事！等孩子懂事时，再去注意听他说话，就可以了。于是太多的家长没有耐心去听孩子的说话！孩子要买什么东西，要做什么事情，要解释什么东西，都不予理睬，根本不听他的理由！

2. 不要进行破坏性的批评

破坏性的批评是扼杀孩子自尊心和自信心的最重要的杀手。我们很多父母，批评已经成为痼疾。对孩子除非不说话，说话就批评。自己认为批评是为孩子好，是为了改正孩子的缺点。事实上，破坏性批评的结果与所希望达到的结果完全相反，不仅没有改掉孩子身上的缺点，反而扼杀了孩子成长的动力。我们希望孩子完美，却把孩子弄得没皮没脸，自尊心丧失殆尽。

3. 不要强迫孩子做某种事情

父母强迫孩子做事情，会扼杀孩子的主动进取精神、学习兴趣，而且形成被动的习惯。学习是脑力劳动，需要学习者处于主动状态，自己想学习，才能学习好，才能不感到辛苦劳累。如果孩子不想学习、厌倦学习，那么学习对孩子来说就是一种折磨，是苦不堪言的事情，是很难取得优秀成绩的。这样的孩子成年以后会成为一个被动的人，那是他一生不幸的根源。

4. 把心中的爱藏起一半

要培养自立的下一代，对父母的忠告：要把爱藏起一半。孩子步履蹒跚走路免不了摔跟头，聪明的父母会显出不以为然的表情，因为他们知道孩子的能力，希望给他一个战胜自己的机会；面对挑食的孩子，理智的父母会毫不留情地把饭碗端走，决不迁就孩子，不会再次下厨为他调制可口的饭菜……因为他们清楚的知道，过分迁就是溺爱，就会妨碍孩子的健康成长。

父母要考虑到未来生活对孩子的挑战，今天我们把爱藏起一半，明天孩子就会有足够的勇气面对种种困难和挫折，相信孩子的能力，让他们在逆境中学会坚强。如何做到把爱藏起一半，并不是件容易的事。

第一，要有清醒的头脑。对孩子来说，父母的爱是滋润他健康成长必不可少的精神营养，但要防“营养过剩”。父母必须学会控制自己的情感，例如饭桌上要让孩子懂得与别人共同分享美味食品，在家里让孩子承担起他应尽的责任，不要袖手旁观，这种责任感对于他的将来是一笔不小的财富。

第二，保持理智的心态。孩子的成长谁也代替不了，孩子未来的路是靠他们自己走出来的，我们应该给孩子成长创造条件，而不是包办代替，这需要理智的爱。

第三，学会更深沉、更科学的爱。表达爱的方式是

多种多样的，我们的孩子不仅需要直接的爱，更需要含蓄的爱、科学的爱、深沉的爱。把爱藏起一半是父母的明智之举，为了孩子将来能自食其力，我们要把爱藏在心底，让孩子适当的吃些“苦”，受些“累”，忍受一些挫折，这是人生的必修课，我们切不可忽视这重要的一课。为了孩子的一生的幸福和快乐，我们要学会如何爱他们。

温馨提示

家庭教育要树立适应儿童发展的需求的儿童观。儿童观的核心问题是尊重儿童，要尊重他们的生存权与发展权。作为当代家庭教育的第一任老师，要真正做到“学会尊重，善于沟通”。

◎从电影《草原小屋》说开去

怎样尊重孩子呢？人们会想起印象很深的一部美国电视连续剧《草原小屋》。这部电视剧里面那个普通的劳动家庭，一对夫妇带着三个女儿，真可算是教育孩子又尊重孩子的典范家庭。

在这个家庭里，父母既是家长又是朋友，两个大一点的女孩既上学又帮父母劳动，家里的事也都七嘴八舌地参加讨论，真正是无话不说。吃过晚饭以后，父母和孩子们说说笑笑讲故事，最后妈妈说：“孩子们，不早了，该睡觉了，晚安！”孩子们也说：“爸爸妈妈晚安！”然后就愉快地爬上阁楼去了。

有一天，二女儿劳拉突发奇想地问母亲：“妈妈，你

以前是怎样爱上爸爸的，你和爸爸是怎样恋爱的?”在这样一个突如其来的“袭击”面前，母亲没有丝毫慌张，她仍然认真而平静地边做事边像讲故事一样回答女儿好奇的提问，像朋友谈心一般，使女儿沉浸在幸福的想像之中，从而更爱爸爸妈妈了，同时又朦胧地懂得了恋爱是怎么回事。

假如这个问题发生在一个普通中国母亲身上，首先母亲自己就脸红了，接着就羞辱孩子：“咦，这么小就问谈恋爱的事，真不害臊！羞死了!”还用手指头按眼皮羞她。有的母亲就训开了：“走开！小孩子问这样的事，没出息!”如果孩子受到如此奚落，那么可想而知，她以后再也不可能对母亲说知心话了，她的快乐天真至少在父母面前到此结束；到了少年时代，就“闭锁”心灵的秘密，两代人的代沟即开始形成。

【专家评析】

中国的父母热爱子女，望子成龙的愿望远远超过西方，做父母的有极强的牺牲精神来养儿育女，这是中华民族的传统美德。但我们民族受几千年封建家长制的影响，不尊重子女却是一般家庭的通病。我们的父母把孩子当私有财产，认为孩子是自己生的，“轻也轻得，重也重得”，要怎样就怎样，可以当玩具，当出气筒，当笑料，从根本上忽视孩子独立人格的塑造，以致形成我们民族性格的弱点。

在现实生活中，父母一定要放下架子，以平等的身份对待孩子，尊重孩子，这样才会赢得孩子的信任。

诸如：

1. 尊重儿童应有的权利

儿童是独立的个体，父母必须为孩子创设游戏的空间和条件，还给他们游戏的权利；打开自家的大门，让孩子们自由交往；允许孩子选择，倾听他们的想法，满足他们的合理需要，对于他们独立性的培养有积极作用。要尊重孩子的权利。父母是不是一个现代的父母，是不是一个优秀的父母，能否尊重孩子的权利是一个极为重要的指标。亲子关系的核心就应该建立在相互尊重的基础上，孩子是通过父母认识权威、认识世界的。

2. 尊重儿童的人格尊严

在受尊重的环境下成长的孩子才懂得什么是尊重，应该如何去尊重他人。一位幼儿园教师在处理3岁孩子尿裤子时是这样做的，她默默地牵着孩子的小手，向没人的卫生间走去，然后背对着门口，将孩子身上的湿裤子脱去并温和地说："没关系，老师帮你换上干净的裤子。"这位教师认为：一个3岁的孩子也有被人尊重的需要，当众给孩子换裤子，那样会伤害他的自尊心。

3. 尊重儿童的年龄特点

作为家长必须了解学龄前儿童的基本特点，采取适合他们的方式去教育。例如，儿童思维具体形象，我们要避免空洞地给他们讲大道理；儿童神经类型特点是兴奋过程强于抑制过程，活泼好动是健康儿童的标志，我们应给他们留有充分活动的空间。

4. 尊重儿童的个性特点

每个孩子都是唯一的，我们要尊重每个孩子的个性，特别要尊重他们之间存在的差异，避免以所谓“优秀儿童”为榜样在他们之间进行横向比较。会欣赏自己孩子的家长是最聪明的。

5. 尊重儿童的兴趣需要

父母碰到事情的时候应该听取孩子的意见。因为你尊重孩子了，孩子才可能自己对自己负责。真正的教育是自我教育。真正有效的教育是信心的内化，并让孩子接受。碰到事情跟孩子商量，把与孩子相关的事情的决定的权利交给孩子自己。

兴趣是儿童学习的动力，保护孩子的兴趣就是保护他可持续发展的后劲，一味追求“学有所成”，甚至从小定向培养，以牺牲孩子童年快乐为代价获取某些特长，势必造成孩子心理负担过重，影响他健康成长。

温馨提示

父母要发掘孩子身上的优点。在今天的孩子身上，不是没有理想，而是没有那些空洞的理想。今天的孩子很务实，有他们自己的追求和个性。我们应该看到现在孩子身上的一些深刻的优点，与孩子相互学习，共同成长。

【他山之石】

美国儿童教育中的特殊营养——尊重

在美国，尊重孩子不仅仅是因为他们年龄小，需要爱护、关心和培养，而是在于他们从出生起就是一个独立的个体，有自己独立的意愿和个性。无论父母还是老师都没有特权去支配或限制他们的行为。特别是孩子，在以后的成长中的大多数情况下师长不能代替他们对客观进行选择，所以要让孩子感到自己是自己的主人。比如，美国人讲究对孩子说话的口气和方法，孩子同大人讲话不但要认真听，而且有时大人要蹲下来同孩子对话，使孩子感到你在尊重他的感觉。孩子吃饭时不能硬逼；孩子做错了事不得横加训斥；要孩子换衣服也不可用命令的口吻，否则，都会给孩子的心理上留下自卑的阴影。

家长带孩子外出做客，主人若拿出食物给孩子，美国人则最忌讳提早代替孩子回答“他不吃”、“也不要”之类的话，也不会在孩子表示出想吃的时候对孩子呵斥。他们认为，孩子想要什么或是想看什么，本身并没有错，因为孩子有这个需要，任何人都没有理由来指责，只能根据情况适时适当地做出解释和说明，以做引导。美国人反对父母在人前教子，更不允许当着人面斥责孩子“不争气”、“笨蛋”、“没出息”，因为这会深深伤害孩子的自尊心，父母这样做是一种犯罪。

伟大教育家洛克说过：“父母不宣扬子女的过错，则子女对自己的名誉就越看重，因而会更小心地维护别人对自己的好评。若父母当众宣布他们过失，使他们无地自容，他们越觉得自己的名誉已受到打击，维护自己名誉的心思也就越淡薄。”有人认为美国父母对孩子的尊重是否太过分了，但事实证明，受到父母良好尊重的孩子同父母大多非常合作，他们待人友善，懂礼貌，同大人谈话没有一点局促感，自我独立意识强。儿童心理学家认为，这些都是孩子们受到应有尊重的良好反应。

三、教育孩子必须讲究语言艺术

现在，不少父母都说自己的孩子越来越不听话，但是很少有父母会这样反过来想一想，自己对孩子说的话“中听”吗？是不是自己说的话让孩子产生了逆反心理，使孩子难以接受父母的好意呢？其实，这样的情况的确并不少见。

同样的一句话，用不同的方式说出来，收到的效果往往是大相径庭。对儿童来说，更要讲究教育方式，特别是说话的艺术。有的话是应该说的，有的话是不应该说的。例如，孩子难免犯这样那样的错误，也难免做出让大人不满意的事情，这时应该怎样用语言来教育孩子，让他纠正自己的行为呢？当孩子做错了事时，最好不要生硬地对孩子说：“你做得不对，你怎么又做错了？”而是应该委婉地告诉孩子：“你再想一想，这样做对吗？是不是还有更好的方法呢？”

◎学会和孩子进行对话

好多父母抱怨自己的孩子不听话，其实有时并不是孩子不肯听父母的话，而是父母没掌握和孩子说话的技巧。现列举一些小经验，希望能给年轻的父母们一些帮助。

1. 语气肯定 直截了当

小虎5岁，喜欢画画。一次，张老师来叫小虎上钢琴课，赶上小虎在专心致志地画画。张老师对他说："小虎，你能把你的画收起来吗？老师在等你上课呢！"小虎头也不抬地说："不，我还没画完画。"

另一位有经验的老师听了小虎的回答后，说道："小虎，把画收起来，钢琴课的时间到了。"小虎听后，乖乖地把没画完的画收好。显然，使用不同的语气，会产生不同的效果。疑问句会给孩子选择的机会和空间，他通常会作出符合自己意愿的选择。因此，和孩子说话要忌语气委婉、目的不明。

2. 用词具体 形象易懂

某个老师这样对一群3岁左右的小朋友说："每一个小朋友都应该爱护图书。"但是没过多久，就发生了书被撕破的事。当老师责问犯错误的小朋友"为什么不爱护图书"时，小朋友问："老师，爱护是什么意思？"

很多时候，父母和老师们都会有这样的体会，明明才给孩子说得清清楚楚，孩子却"明知故犯"。大人气恼的时候，有没有想过责任可能就在我们自己？笼统、抽象的用词，如"爱护"，会给年幼儿童造成理解上的困难。所以，换一种形象、具体的说法是必要的。

3. 循序渐进 耐心仔细

在实验课上，一位年轻的实习老师计划教3～5岁的孩子学会播种。她这样说道："小朋友，今天我们要学习播种。请每一个小朋友都去水池边拿一个小纸杯，到门口的蓝桶里盛上大半杯黑土，然后到我这里来领一粒种子。把种子埋进土里，再到水池那儿接一点儿水，最后把纸杯放在水池边的台子上。”听老师说完后，有的孩子站起身，但不知道要做什么；有的孩子仍然坐在地毯上，看着老师；有的孩子去拿纸杯；有的孩子去捧了些黑土……

研究表明，对不到5岁的孩子来说，一次接收并记住两个以上的指导信息是有困难的。换句话说，一次给出两个或两个以上的指导信息，表达含混，只会主观超越孩子有限的记忆范围，影响孩子的理解能力。

4. 突出主题 简单明了

3岁的牛牛经常打人。一次，他又在打另一个小朋友。老师看见后，就急忙过去制止，并严厉地对牛牛说：“今天老师已经告诉你多少次了，不要打人？”牛牛嘟囔着：“不知道（多少次）。”老师加重了语气：“5次了！”说完，却发现牛牛对老师的话并没有羞愧或内疚。

我们成年人自然懂得“我告诉你多少次了”这种强调语气的问句，间接地表达了说话者的失望和生气，并不寻求答案。但是年龄小的孩子却往往不懂得事情的发生频率与严重性之间的逻辑关系，不能理解这话中之话。

5. 语言委婉 切忌威胁

一天，幼儿园组织春游，爸爸妈妈可以同去，但孩子们都自己背着午餐。午餐时，4岁的李萌突然嚎啕大哭起来，妈妈赶紧过来看她，问怎么了，李萌说：“我不喜欢苹果，可是你在我的午餐包里放了苹果。”说着，她就要把苹果扔掉，她妈妈制止了她，她还是哭着说：“我不要苹果放在我的午餐包里，我不要。”妈妈就威胁她说：“如果你还哭，我们就留你一个人在这儿了。”话音未了，李萌哭叫得更大声了，其他小朋友都看着她。妈妈只好换了一个口气说：“不要哭了，妈妈帮你把苹果扔掉，行了吧？”这一招看来管用了，不一会儿，李萌停止了哭泣。

来自家长或老师的威胁，比如说，“把你一个人留在这里”或者“把你送给捡垃圾的”等话，并不能真正、有效地制止儿童正在进行的不当行为，相反，会使儿童感到恐惧和害怕，或者产生逆反心理。

6. 讲究方法 注重启发

这里举两个例子，其中道理不言自明。

父母给军军买了一架钢琴，希望军军能学会钢琴，将来成为音乐家。军军是个听话的孩子，不想违背父母意愿。可是没学多久，军军就不想学了，每天要坐那么长的时间，老弹那几个音符，太乏味了，他太想出去和小伙伴玩了。父母望着花了几千元钱的钢琴，骂军军不争气，说不练完规定的时间就不许出去玩。军军没办法，只好坐在钢琴边，可他的心却早已飞到了小伙伴身边。

【专家评析】

家长对孩子说话时，应该有正向的目的，例如提供知识讯息、解决疑难、说故事、分享情感、表达自己的意见等。家长如果能表现友善，不以强者的权威压制孩子，往往会得到孩子相对的友善。“沉默”也是有效的沟通，可以避免语言冲突的伤害，更能令你冷静下来，重新从客观的角度去思考，这对维持亲子间的良好关系有一定的帮助。

丽丽的爸爸喜欢拉二胡，他非常希望自己的独生女儿也能拉二胡，但他并没有马上要求女儿学。他首先注意培养女儿的学习兴趣，在游戏中用二胡做积木和孩子一起盖房子。二胡杆像烟囱，一拨就会响，这使丽丽非常高兴。当丽丽会唱几首歌时，他就拉女儿会唱的歌曲。不光如此，他还拉出了鸟叫声、火车轰鸣声、孩子的哭笑声，渐渐地丽丽喜欢上了二胡，终于有一天，她恳求爸爸教她了，而爸爸早就盼着这一天了。在学习的过程中，丽丽的爸爸注意不断地培养女儿的学习兴趣，结果丽丽的二胡越拉越有劲，越拉越出色了。

温馨提示

在现代社会，家长和孩子之间是平等的关系，孩子说得对，家长就没有理由拒绝。况且，做家长的必须明白，虽然我们的年龄比孩子大，经历比孩子多，经验比孩子丰富，但真理不见得都在自己手里，有时也在孩子一边。在真理面前应当人人平等，谁说得对，有道理，就应当按照谁的意见去做。

◎不说对孩子不能说的话

△不说迁就的话 阻止孩子的无理要求

冬冬生活在一个单亲家庭里。做母亲的，总觉得孩子没有父亲很可怜，所以他有什么要求，也尽量满足。甚至一些无理的要求也不讲原则，能做到的，她也一定做到。冬冬一直被妈妈这样宠着，也慢慢有了小脾气。有的事妈妈不答应，他就要赖，使小性子。妈妈只好说："好了，别哭了，妈妈给你买去就是。"有一次，睡到半夜，孩子忽然醒了，硬是要吃水果。家里的吃完了，深更半夜的，到哪儿去买水果？母亲为难了。她只能安慰孩子："现在外面没有卖水果的。咱们再睡一会，天一亮，妈妈就给你去买，啊。"冬冬仍然不依不饶，哇哇大哭起来。做母亲的最后也火了，把孩子狠狠打了一顿。她也终于明白自己的溺爱害了孩子，也苦了自己。很多的父母就是这样自己给自己制造负担的。

【专家评析】

在该拒绝孩子的时候"心慈手软"，父母说："算了，算了，不过，就只有今天，下不为例。"孩子也就在这样的"妥协"中放任自己，甚至变本加厉。

"下不为例"这种迁就的话千万不要说。你给他破例一次，迁就了他，他还会贪心第二次。而父母在孩子面前是最狠不下心的。等到第二次，说不定又一句"下不为例"就过去了，而忘记孩子已经无理要求两回了。人的欲望是没有止境的。让孩子尝到了一次甜头，学到了乖，后面就没有罢休的时候。

一些原则性的事情，不能答应，就是不能答应。人的欲望也是无限扩大的，有了小小的便宜，还不够，希望有更多的、更好的。家长能满足孩子到什么时候呢？一

时的心软，带来的是无穷的“后患”。有一天孩子要天上的月亮，难道你也替他摘下来？

比如孩子深更半夜要起来玩耍，要吃家里没有的东西，你必须让他明白，无论他怎么闹，这个无理的要求就是不能答应。孩子“碰壁”了一次，知道耍赖也没有用，那么下次他也不会再如此了。对于过分的要求，没有“下不为例”可言。

温馨提示

孩子如果坏脾气已经形成，注意不要采用强硬、粗暴的处理方法。可以对其故意不理、不问，让他自己慢慢冷静下来，然后通过说服引导，将怒气中的合理成分转化为自我鼓励。

△不说妥协的话 不当“好好家长”

有的父母愿当“好好家长”，这的确容易做，自己省心，孩子也高兴。说一句“算了算了，下不为例”，落得轻松。不必费很多口舌跟孩子讲道理，也不必费尽心思让他停止哭泣。“暂时满足他的要求，下次不由着他性子就行了。”不少父母总是这么想，可事到临头，还是犯同样的毛病。

【专家评析】

碰到一些会撒娇或者平时比较听话的孩子，父母更是经不得一磨。“妈妈，只有这一次，你就答应我吧。”“爸爸，下次我再也不要了，我保证！”一听到这样的话，父母的心立马就软下来了。

父母的妥协与放任，也往往让孩子做事半途而废。

比如孩子练钢琴练到一半，就央求妈妈让他玩一会。本来妈妈是不允许的，但是经不住孩子软磨硬泡，只好说："好吧，好吧，去玩一会，下次不许这样。"可是有了一次，下次他又故伎重演。最后父母也懒得去管。孩子也许就从此干脆不练琴了。

事事顺孩子的意，孩子就会认为父母会满足自己的一切要求，甚至认为父母是在怕自己。于是，他想怎样便怎样，父母也半推半就，更让他有恃无恐。恶性循环下去，你就等着有一天他真正无视你的存在，不把你当一回事吧。趾高气扬惯了的他，处身社会的时候，如此自私和无理，又怎么去与人合作？

温馨提示

小时候在家里有父母宠爱，长大了，旁人不再给予他这样的"关心"，孩子会变得消极、绝望和无助。也可能为了达到目的，而不择手段。任何一种结果，都不是父母所期望的吧。

△不说嘲讽的话 以防刺痛孩子的心

有这样一个奇怪的现象：那些平时口才不怎么样的父母，一旦挖苦起孩子来，可真像是有非常好的天赋。我们常听到有的家长这样教训孩子：

"老是心不在焉，说不定哪天脑袋也会忘了带回家！"

"真是猪脑袋，我教了你好几遍了都记不清楚。"

"哟，得了红五星，可真是让人吃惊啊。"

听听这些话吧。本来只需说声"孩子，要长记性"、

“我只说一次，你要听好”和“今天得红五星，孩子，你真棒”就可以了，可是做母亲的偏偏要语带讥讽，把话说得酸溜溜的。

【专家评析】

这么做的父母没有意识到，这种话对孩子来说，就是一种人身攻击。用这样尖酸刻薄甚至冷酷无情的语言来伤害孩子，它传达出的信息就是对孩子的不信任，对他取得的成绩的蔑视，对他的人格的侮辱。它就像一把利剑深深扎进孩子幼小的心灵里。

家长或许不知道这种由语言带来的伤害，比起皮肉上的痛楚，造成的后果要更为严重。因为无法一眼看到内在的伤痕，所以我们往往忽视语言带来的伤害，尤其是用嘲讽这样“恶毒的武器”带来的精神上的创伤。哪怕这种语言“攻击”停止了，伤害仍会在孩子内心继续存在，像一个巨大的阴影笼罩孩子一生。

父母说出酸溜溜的话，也许本意并非是想挖苦孩子，但是一开口就忍不住把话说成讽刺意味的了。之所以如此，是因为父母往往把孩子当作自己的附属品，觉得自己有资格说任何话，孩子只有听的份儿；无论说什么，都是为孩子好。这种自以为是，完全忽略了孩子作为一个独立个体的自尊和感情。孩子也是一个人，他也有自己的感情和尊严。被人揶揄，小孩子也会心情沮丧。作为父母，应该以温和的态度去对待孩子。

一个小孩子，与大人和大孩子相比，本来就有个子

小、力量弱、知识少等不可避免的劣势。他内心里有着想成为大人或者想跟大人一样威风的愿望。倘若大人经常嘲笑孩子这也不行那也不行，把他看成他恰恰不想成为的那类人，那么孩子内心的这种“不如大人”的意识会变得强烈，很可能使他真的无法摆脱不行的阴影。如果孩子天性敏感，这样的话更是无形的刀，会深深刺伤他的心。在这种心理暗示下，孩子的心理很可能处在我不行的阴影下徘徊不前。

孩子犯了错，父母最应该做的，就是给予引导和鼓励，要对他的错报以平淡的态度，要是一开始就否定孩子，那么他哪里还会有继续努力的热情？父母教给孩子的，应该是一种为人或者处事的方法，让孩子能够举一反三。

温馨提示

要是你想让孩子的潜力得到展现，想让孩子的才能得以尽情发挥，那么，如果孩子有错，就请你用坦率的态度帮他认识错误，改正错误；如果孩子取得进步，就请你用坦率的赞美言辞鼓励他继续努力，把嘲讽一类的字眼统统扔掉吧！

△不说挖苦的话 给孩子最基本的信任

爸爸：“辉辉，你将来想去做什么呀？”

“我要当歌星”辉辉很认真地回答。

一旁的妈妈冷笑一声插话了：“切！就你那破锣嗓子，还想当歌星？做梦吧！”辉辉听了妈妈的话，不好意思地低下了头。

【专家评析】

世上的事，只要肯努力，就有做到的可能。重要的是，首先你要有这样的理想。你能想象，妈妈的话会怎样打击辉辉的自信心吗？孩子要当歌星，难道不好吗？理想和现实，肯定是有一定差距的，但是倘若连个理想也没有，又何来奋斗的目标和动力呢？本来应该受到鼓励的孩子，却遭到妈妈的一顿抢白，他心里肯定不是滋味。

孩子的成长是一个发展变化的过程，会出现很多意想不到的改变。用静止不变的眼光来看待孩子，是很不科学的。作为父母，哪怕你了解孩子的性格、能力、天赋，也无法断定孩子将来一定能做什么，一定不能做什么。与其打击孩子的自信，不如给他一份希望。那么父母就不应该吝啬自己对孩子的信任。

通常地，父母对孩子的不信任，主要表现在这几个方面：

一是嘲讽孩子不行。经常对孩子说："小孩子不懂事，瞎掺和什么？"

二是嘲笑孩子相貌、能力等缺点。如对孩子说："你个子小，就别做篮球明星的梦了。"

三是打击孩子对未来所萌生的希望。如开头举到的例子。

想想，父母对孩子连这种最基本的信任都没有，还如何能教育好孩子呢？经常被父母如此"打击"的孩子，又怎么能够健康成长？无论什么年龄的孩子，被父母否定未来，都会感到难过、沮丧，严重的，还可能从此消极下去。

信任，是一种很巨大的力量，它能使人产生强烈的自信心和责任感，充分发挥潜能，克服重重阻力，到达成功的顶点。获得信任的人，会觉得身后有强大的力量在支撑着自己，虽然是无形的，但却是精神上的莫大安慰。

同时，信任也是一种尊重。如果你对孩子说“你当然可以的，妈妈相信你”，那么这就是对他的价值和能力的肯定。虽然他可能还无法意识到这一点，但是他肯定明白自己是受到了“重视”。而这，往往可以激励孩子为他的目标付诸努力。一旦孩子有了“今后总会有成就”这种希望，他就会产生主动做事情的积极性。

温馨提示

在信任中长大的孩子往往充满自信，信任的力量正在于让孩子觉得“我能行”。有的事孩子本来有能力自理，你的唠叨、挖苦，却使他失去了自信。对于孩子来说，父母的一句话，好与坏，都会成为他一生中具有重要意义的话。所以，即使开玩笑，也要避免说具有负面影响的话。

△不说过头的话 赞扬孩子要适度

孩子在特长班学画画，而且画得不错。您不应该说：“嗯，真不错，你的画赶上老师的水平了。”您应这样说：“这朵花画得很逼真，蛮好看的。”

周末，孩子把自己的房间收拾了一番，您不应该说：

"你今天好乖呀。"您应这样说:"你今天把房间收拾得真干净,谢谢你,孩子。"

【专家评析】

在大人的意识里,表扬孩子,会使孩子开心,可以建立他们的自信心,也能让孩子因为这种赞美而更听话。没错,我们现在提倡多表扬孩子,但是多少父母注意到正确的表扬方法?对孩子,并不是事事都要赞扬,也并不是赞扬越多越好。即使是赞扬孩子也要适度,也不要太过。称赞不当的结果,会使孩子产生紧张的情绪和恶劣的行为。

有的父母喜欢对孩子说:"你好乖啊!"可是孩子有时觉得他心目中的自己并不那么乖,这样夸他反而让他心里有压力,因而对父母的称赞产生了反感。所以,他得到的赞扬越多,为了表现"真正的他",就可能有越恶劣的行为。心理学家研究发现,"幼儿受到过分表扬,觉得自己不值得表扬,反而感到不安"。

做父母的,可千万不要以为孩子就是那么好哄骗的,你说的话几分真几分假,孩子心里也会有数呢。赞扬太过,他会觉得父母没有诚心,很虚假。时间长了,他很可能根本不把这些称赞的话放在眼里,也会对父母产生心理上的反感和排斥。

另外,过分的赞扬会显得很抽象,孩子听了,也未必能真正理解自己所得到的肯定。所以,有时会出现这样的情况:父母刚刚诚心诚意地表扬了孩子,他就又开始不听话,故意弄些恶作剧;或者,你表扬了他,他根本理

也不理。

作为父母，应该明白：赞扬跟药品青霉素一样，不是拿起来就能用的。必须遵守使用的量和度，并注意可能产生的过敏性反应。这里有一个重要原则就是，赞扬孩子应就他的努力或成绩而说，不要涉及到他的个人品格。

难以想象，一个在生活中听惯了好话的孩子，将来会对自己有清醒的认识。我们不能让孩子在受责备的环境中成长，但是也不能让他们整天泡在甜言蜜语里。

温馨提示

适度适时的赞扬，对于鼓励孩子，帮他建立自信是非常有用的。但是过度、过分的赞扬，孩子会看不到自己的缺点，也不能正确认识自己所做的事。将来是不能经受挫折和批评的。要记住，赞扬，只是对孩子努力的肯定，也许只要那么一点点就够了。

△ 不说难听的话 保护孩子的尊严

孩子犯了错误，不少父母动怒的时候，往往口无遮拦：

“给我滚！就当我没有你这样的儿子！”

“你以为你是谁，你可是我养大的！”

“妈妈不要你这种不听话的孩子，现在马上给我滚出去！”

“养个你这样的孩子，我真是倒了八辈子的霉！”……

因为是对自己的孩子，父母觉得有资格骂，所以多难听的话都能说出来。有时觉得说得越难听，越能提醒孩子注意。哪里想到，许多话是有严重后果的，绝对不能说出口。上面列出的，可是禁语中的禁语啊。

【专家评析】

一个人最重要的是什么？是尊严！如果连自尊也随便被践踏，他还算一个独立的人么？孩子虽小，但一样有生存的权利、做人的尊严。忽略孩子的基本权利，这样的父母是不合格的。

很多父母可能会说："孩子是我生我养的，我怎么不能说他？"没错，是你给了孩子生命，给了他生存的保障，但是生他是你自愿的，养他是你的责任。孩子不是你的附属品，也不是你的奴隶，你有什么权利剥夺孩子的尊严呢？

静下心来想一下，如果你自己在父母的辱骂中成长，你会是什么心情？如果你曾经有过被践踏自尊的痛苦，那么不要再把这种痛苦加在你的孩子身上。

自信、自立的基础是自尊。一个在羞辱中长大的孩子，他的自尊是残缺的，他的内心是自卑的，将来，他如何有信心面对生活和事业？一个从小失去尊严的孩子，长大后会堂堂正正做人，抬起头来走路吗？如果你不希望你的孩子将来像奴隶一样，那么就把自尊还给他！

话说回来，孩子犯再大的错，也不必用恶毒和刻薄的言语去责备，好像要一句话置孩子于死地一样。况且很多时候，并不是孩子的错，而不过是做父母的自己心

情不好，迁怒于孩子。

事实上，孩子被父母抚养，是父母的责任和义务，父母却把它当作是一种负担，当作一种向孩子炫耀和示威的借口。很多父母一不顺心，就让孩子“滚”。如此简单一个字，有多少侮辱、蔑视和嘲讽的成分？对于一个孩子来说，这样的责骂不是太过分了吗？

有的孩子比较黏人一点，有时喜欢赖着父母。这个时候家长不耐烦了，就会一把推开孩子说：“你知不知道，你很讨厌！”你不愿意陪着孩子玩也就罢了，为什么还要说这样的话来伤害他的自尊心？这会令孩子因为父母厌恶自己而忧虑。他未必知道父母讨厌自己什么，也不懂分析父母只是不喜欢他黏人这个行为，而非讨厌他本人。如果父母不加以解释，就会在孩子心里留下阴影。

也许孩子还没有关于“自尊”意识，可是这话会让他感到自己是个没用的人，是个累赘，可又无力改变这个现实。这种矛盾的心理会让孩子惶恐和无所适从。这样的情绪压抑得太久，必定会化为愤怒，总有一天会爆发出来。那时，很可能会有严重的后果了。有些孩子太小，也许就乖乖顺从了父母，但并不表示他认同了父母的话，而是因为内心的恐惧，害怕被父母抛弃。在这样的心理压力下，孩子很难健康成长。

温馨提示

孩子往往依靠父母来知道自己是什么样的人，能成为什么样的人，从父母那里获得关于人和人生

的认识，所以父母给予孩子信心和信赖，非常重要。可是父母们却经常说许多贬损和否定的话，而从来意识不到它的伤害和严重后果，这是多么让人担忧啊！如果你希望你的孩子将来有出息，那就谨慎自己的言辞吧。贬损的话，一句也别说。时刻记住：孩子是你的，但是你无权伤害。

△不说武断的话 让孩子自由表达

常常有这样的情况：父母决定了一件事，孩子持有反对意见，刚说了一两句，父母就听不顺耳了，喝令他“住口！”

这里先来看一段资料：

不久前，一所社会咨询机构对两千名在校学生做了一次问卷调查，结果显示，“住口”是孩子们最不愿意听到的父母说的话之一。

“父母让我们住口，而他们却整天喋喋不休。”

“父母太小瞧我们了，一点也不给我们讲话的机会。”

“为什么让我们闭嘴？我们心里有许多话要说给父母听呀！”

是啊，为什么父母自己老是唠叨不停，而不给孩子自由表达的机会？把孩子的嘴巴封起来，然后自己说个不停，这也未免太不公平了。父母老是觉得孩子不懂事，轮不到他们说话。其实，孩子从他自己的角度看问题，往往有独到的见解，哪怕孩子太小一点，也的确可以启发父母，弥补父母的决定或认识的不足。

【专家评析】

有时是孩子犯了一个小错,父母凭着自己了解的情况对孩子的行为做出评价,而孩子据理力争地申辩。这时做父母的气上加气,心想:“你犯了错还狡辩?”于是,对孩子一声断喝:“不用解释了!”你能想象得到孩子这个时候有多委屈吗?哪怕事后你为冤枉了孩子而向他道歉,但对他的伤害已经造成。法庭审问犯罪嫌疑人还给其申诉的机会呢,怎么做父母的就不能容忍孩子为自己的过失辩解?

孩子也有话语权,他想说话的时候,父母应该给他机会表达,鼓励孩子表达自己的意见。

你会发现,老是被“住口”二字打断话头的孩子,慢慢就变得沉默了,他也就懒得跟父母说话交流了。这是因为父母的“禁令”让他觉得自己的意见根本不受重视,说了也是白说。而一旦出现这种情况,孩子的自我表达能力便会逐渐降低。这对于他的成长和人生都是非常不利的,一个不会据理力争的孩子,很难适应这个竞争激烈的社会。

而老是听到“你不用解释”的孩子,会渐渐习惯了放弃为自己辩解的权利,会背着很多的冤屈,一个人默默承受。而这样的重负很可能让他出现严重的心理问题。

家长听孩子把话说完,又能浪费你多少时间?其实,孩子的思维比大人简单得多,往往能从复杂的事情中看到本质的东西。父母不妨抱着轻松的心态听听孩子怎么说,或许自己也能受到启发。你可以根据孩子说

的话进行有针对性的教育。他理解有偏差的地方，你可以纠正；他看法片面的时候，你予以补充。这样，孩子的判断能力和思维能力都能得到提高。

温馨提示

鼓励孩子说出心里的想法、不满或者委屈，会让他变得善于思考，也会使他的自主意识和表达能力得以增强。

△不说恐吓的话 让孩子有安全感

记得曾经见过这样的场面：

一位母亲在路边哄孩子。小孩子大约三四岁，不听劝，拼命地哭。母亲说："要是再不听话，就叫警察叔叔把你抓去。"母亲说好话，给他东西，都不管用。母亲实在不耐烦了，大声说："再哭，妈妈就不要你了。"停了一下，母亲又说："你还哭不哭？再哭我就走了！"并做出要走的样子。孩子哭得更凶了。最后，母亲二话不说，扭头就走。孩子见妈妈真的走了，不要他了，慌了神，赶紧追上去，边哭边喊："妈妈，不要扔下我，我不哭了……"

【专家评析】

这样的场面看着是很令人心疼的。这位母亲的心情可以理解，但是非这样对孩子不可吗？父母是孩子最依赖的人。孩子从出生起，就对父母有特别的眷恋，同时也有着没有父母就不能生存的潜在不安感。心理学上管它叫"基础不安"。不管孩子是否懂事，他的心里，都经常有"爸爸妈妈会不会不要我"这样的担忧。在这种心理背景下，还对孩子说"你不听话，就让狼吃了你"、

“你不听话妈妈就不要你了”之类的话，他的潜在不安会加剧，易于受到大人无法想象的打击。这种精神上的不安，很可能会让孩子做出极端的举动，比如自杀。到这个时候，父母后悔就太迟了。

孩子毕竟是孩子，他有时并不明白父母只是为了哄他而说出恐吓的话，并非真的不要他或不爱他。作为父母，应该明白，恐吓和威胁是一种很愚蠢的手段，它不但不能让孩子变得听话，而且会伤害孩子的心灵。孩子需要的是一种安全的环境，包括身边的和心灵的。孩子不听话时，如果你对他说：“你不听妈妈的话，就让妖怪来捉你！”这的确比费心地向他解释为什么要听话、怎么才算听话容易得多，可是，它产生的后果却是许多家长始料未及的。

千万不要用医生、警察、老师及其他让孩子害怕的人去恐吓他。一个怕医生的孩子，生病的时候是不会跟医生合作的；一个怕警察的孩子，即使迷路了，他也不会去问警察；一个怕老师的孩子，怎么可能安心听老师的课？所以，易于造成孩子精神不安的话，千万说不得。

温馨提示

孩子的心里有不安的土壤，重则会萌发出许多的恐惧，并可能最终演绎为不幸；轻则无法集中精力学习，性格压抑。而这，就相当于毁掉了一个很好的孩子。

△不说命令的话 给孩子选择的权利

有的家长总是以命令的口气和孩子说话。比如说：

"去,帮妈妈把碗刷了,你反正没事。"如果这样说:"孩子,妈妈现在有点忙,你能不能帮妈妈把碗刷了。"不很好吗?

再如,"还不赶快去睡觉,还看什么电视!"如果说:"好了,动画片看完了,你不打算去睡么?"那效果将会怎么样呢?

想想,谁能忍受一个人老是对自己颐指气使,动不动就要求你给我这样、你给我那样?做父母的也不喜欢有个人成天这么对自己吧?

【专家评析】

命令是一种单方面的交流,只顾及自己,而不考虑别人。很多父母可能会说:"我是孩子的家长,我有权命令他。"这就是一种完全不替孩子着想的观念。孩子只是个孩子,并不是奴仆,他跟父母是平等的关系。他也同样是一个个体,有自己选择的权利。

如果父母指望在对孩子的命令与呵斥中建立自己的威信,那他就等着尝失败的苦果好了。没错,很多孩子对家长惟命是从,但是他内心里就一定接纳了这样的命令吗?他不过是无力反抗而已,等到这种情绪在心里积淀到一定程度,爆发出来就可能产生难以想象的后果。

一个生长在专制的家庭中,长期听着父母的训斥"你给我听着"或"你给我去……"的孩子,他心中就可能形成一种对强者惟命是从的习惯,养成怯懦的性格。

做父母的一定要记住,没有孩子是喜欢听着命令长大的。父母平时对孩子说话时,往往会说成"你要给我……”的命令型。这样的命令，并未考虑尊重孩子的人格和自主性，只会让孩子感到害怕或反感。

如果把这样的命令改为“你能不能……”“你试着……如何”这样建议的话语，会起到完全不同的效果。这个时候，孩子会觉得父母是在跟自己商量，在征求自己的意见，他首先会觉得自己是受了重视。在心理上，他更容易接纳父母的要求。同时，他也会随着父母的引导，郑重思考要做的事，做出决断，并考虑该如何做，这对他的思维能力和判断能力，也是一种有益的锻炼。

温馨提示

父母要学会引导孩子，有意识地提出选择项，让孩子自己做出决定。比如，孩子在家里无事可做，千万不要动气命令他：“马上给我倒垃圾去！”而应该问他：“你能不能帮妈妈倒倒垃圾？”孩子会自己去考虑是要听父母的，还是该干别的。总之，他会慎重对待家长的话，而不是产生反感。

△不说霸道的话 给孩子说话的机会

不少家长还不知道或不习惯以平等的身份说服孩子。孩子反驳或辩解几句，大人、父母的身份就被当作一种打压孩子的王牌，说霸道的话。这是典型的强词夺理。他们以看似权威的身份来威压孩子。

“大人说的话你还敢不听？”

“妈的话你也不听吗？”

“我是你老子，我说怎样就怎样！”

没错，这一手段很见效。孩子什么也不说，乖乖按照你的意思去做了。然而，那也不过是他无力反驳和反抗而已，并未心悦诚服。他仍会在内心里坚持自己的想法，而且还多了一份对这种“霸道”的反感。

【专家评析】

向来强词夺理都是不能服人的。好比两个人吵架，往往理亏的人叫声最高，希望借声势压人。父母在说服不了孩子的时候，以权威身份来压服孩子，实际就表明自己已经到了“理屈词穷”的境地。稍微懂事一点的孩子都能体会到这一点，可不要把他们当傻瓜。何况孩子天生就有一种逆反心理，你越是强制他做什么，他越不愿意做。你越是不讲道理，他越不会信服你。长此以往，会让孩子形成条件反射，不管你要求做什么，他都想和你对着干。

再说了，孩子又不是无赖。你跟他讲道理，他不会不听。能说服他，他一定会乖乖地听你的话。比如孩子提出某个要求，而你又有难言之隐，大可不必沉下脸来呵斥“不行就是不行”，只要说一句“你还小，不明白这些原因，等你长大一点，妈妈再告诉你”，孩子自然就能理解。如果他仍然对那个要求恋恋不舍，你也可以提出新的主意，转移他的注意力。

聪明的家长会让孩子心服口服，相信你也不希望给孩子一个蛮横无理的印象。父母强词夺理，以个人威严来压服孩子，还有一个非常不好的后果。有的孩子天性软弱一点，平时惧怕父母，所以父母说什么都乖乖听从，而自己从不考虑对错好坏。父母可以用这种手段把孩子培养为“听话的孩子”，但同时也是培养了一个没有主见、没有判断能力，甚至唯唯诺诺的人。

温馨提示

明智的父母做法是认真听听孩子的意见，给予适当的评价，然后再耐心地讲明自己的理由。在这个过程中，孩子将自己的想法和父母的理由加以对比，能领悟到一些是非对错，这是非常重要的。

△不说“骗人”的话 给孩子充足的理由

也许你不止一次看到这样的情形：

商店里，卖玩具的柜台前，小孩子看上了某个玩具，说他的小伙伴们都有，缠着妈妈要买。妈妈好言哄他：“这个玩具不好，我们去别的地方买。”或者说：“今天妈妈没带够钱，明天再来买好吗？”孩子不依不饶的，非要买。妈妈这时来气了：“今天说不买就不买，跟我回家去！”好了，孩子倔脾气上来了，哇哇大哭起来，甚至赖在地上，乱踢乱闹，死活不肯起来。最后，妈妈实在没办法了，为了哄住孩子，只得把玩具买下来。没错，孩子是暂时给哄住了。但是下次呢？

【专家评析】

尝到了“甜头”的孩子，找到了对付家长的最有效的“武器”，他在下次还会继续使用，甚至会使用得登峰造极。孩子学会了耍这种小聪明，他的要求会越来越离谱，那时，家长更拿他没有办法了。所以，要在一开始，就让他知道：无理的要求，即便是撒泼耍赖也不能得到

满足。

有的孩子好哄一些，爸爸妈妈说一句“回头再说”或“过几天再买”，就立即破涕为笑。他们相信父母不会骗自己，期待过几天，玩具就真的给买回来了。事实上，父母也不过是为了暂时摆脱尴尬局面，向孩子扯了个谎，开了一张不兑现的“空头支票”。可是，在孩子心里，父母的话是值得信赖的，他对这个承诺充满了期待。倘若父母真的不兑现，可以想见，他会是多么难过和气愤。父母在他心目中的高大形象也许会瞬间坍塌。

这种欺骗的“战术”，除了伤孩子的心、失去孩子对自己的信任，还有什么好处呢？况且，这种手段也只能糊弄孩子一两次罢了。

同时，还应注意，父母以“回头再说”这样的话回避与孩子的对立，想借时间让孩子忘记自己说的话，而达到既解决问题，又不与孩子产生矛盾的目的，这么做，不利于培养孩子的独立自立精神和独立思考能力。父母敷衍了事，不告诉孩子为什么不可以，孩子也没有思考的机会。

孩子虽小，但也不是不可理喻的。在他无理取闹的时候给他一个可以相信的理由，他会听进去的。对于脾气实在很倔的孩子，家长大可把他带到一个人少的地方，给他时间，让他闹够闹累了，再郑重告诉他，为什么不能满足他的要求。

一般来说，孩子都是懂道理的，只要父母说话可信，

给的理由充足，有说服力，他肯定会乖乖听话。比如，孩子要赖皮，硬是要买玩具，你可以告诉他："这个玩具太贵了，我们回去和爸爸商量一下，再来一起买，好吗？"或者说："这个玩具要等你大一点才可以玩，明年你过生日的时候买给你。"在充分说明理由的同时，也可以转移他的注意力："这个玩具不适合你玩，咱们去买小人书看怎么样？"

温馨提示

你得让孩子知道，父母不同意的事，总是有其道理的，而不是刻意跟他过不去。

△不说"比较"的话 让孩子树立自信心

明明从幼儿园回家，一进门就打开电视，因为待会有他最喜欢看的动画片。正在准备晚餐的妈妈见孩子回来就顾着看电视，有点生气，忍不住数落起来："你就知道看电视！今天你在幼儿园又和别人打架了。你看你班上的乒乒多听话，李老师总是表扬他听话。你跟他比比，还像个好孩子吗？""是啊，是啊，什么都是乒乒好，那当初你干吗要生我？"明明生气地喊起来。他就是不明白，为什么妈妈总是表扬别的孩子，而自己总是挨骂呢？难道自己就真的一无是处，真的这么多余吗？妈妈的话真的很伤他的心。这只是很多例子中的一个。

【专家评析】

如果你是一位母亲，你能理解孩子遭到这种数落时的心情吗？家长们骂孩子的时候，最容易拿孩子同其他

的孩子做比较。当孩子被这样骂的时候，他也知道父母说的是事实，无力反驳和辩解，所以往往会感到气馁，对自己丧失信心。尤其是当一个孩子被作为另一个孩子的标准时，时间一长，被比下去的孩子就会不自觉地把自己排除在大多数之外，认为自己是“不好的”，是“没用的”，甚至认为父母不爱自己了。他们很有可能产生这样的心理：

“唉，反正我不管做什么都比不上别人。”

“看来，我在幼儿园里完全是很差的，妈妈根本不喜欢我。”

孩子一旦产生了这样的想法，自卑感会越来越重。也许他本来可以成为一个很有出息的孩子，但是因为这种自卑，长大后自暴自弃，一无所成。我们说，父母一句话，影响孩子的一生，并不是危言耸听啊。

孩子犯了错，父母批评可以，但是千万慎用言语，千万不要把一个孩子作为衡量另一个孩子的标准。家长自己也有过童年，难道你们小时候就喜欢听这种话吗？每个孩子都有独特的个性，如果他完全像另外一个孩子，他就不是他了。

不管你是父亲还是母亲，不要老是羡慕别的孩子怎么怎么听话，怎么怎么聪明。每个孩子都是一块尚未雕琢的璞玉，都有成为人才的可能性。而这块玉是放出光芒，还是失去光彩，就得看父母如何雕琢了。一句话可以造就一个人，一句话也可以毁掉一个人。

人与人是不一样，哪怕是亲兄弟姐妹，也会存在性格、能力、天赋等许多方面的差异。你的孩子可能在一个方面比不上人家的孩子，但是在另一个方面却远远强于别人的孩子。而你，发现了孩子比别人强的这个方面了吗？比如，你的孩子虽然爱玩一点，但是天性善良，富有爱心，懂礼貌；也许脑子没那么灵活，但是很上进，很努力，很正直；也许不善于交际，但是很细心，很独立。既然如此，为什么要抓住孩子的缺点不放，而不对他的优点加以赞扬和鼓励呢？

而且，大人眼中的好与坏，是比较主观和简单的。孩子的能力会以很多种方式表现出来，做父母的可否明白这之间的差别呢？对孩子没有全面而准确地了解就下结论，这是非常愚蠢的。对于孩子来说，也是不公正的。

许多父母都喜欢光凭学习成绩来评价和比较孩子。成绩优异的，给以赞扬和奖励；成绩差点的，不是责骂，就是嘲笑。要知道，成绩往往只能代表智力，而不能证明孩子的品格、性情及其他潜在的能力。它只能当作评价孩子的一项指标而已。

温馨提示

如果你的孩子成绩没别的孩子好，你可以对他说："虽然你现在成绩没他好，但是你很努力，努力了就会取得好成绩。"你的侧重点在鼓励，而不是比较，效果就完全不同了。

【小贴士】

幼儿早期教育中的语言禁忌

1. 禁忌挖苦

比如:“你就会哭,哭的样子多好看啦!”

2. 禁忌比较

比如:“你总是不听话。你看明明多听话呀!”“你和×××一样没出息!”

3. 禁忌告状

比如:“我管不了你,叫你爸爸来教训你!”“走,到你们老师那儿去!”

4. 禁忌预言

比如:“光知道玩,我看你啥也学不好!”

5. 禁忌记帐

比如:“好,你记着,看我怎样对待你!”

6. 禁忌挑战

比如:“好!看看到底是你说了算还是我说了算!”

7 禁忌驱逐

比如:“不愿听我的话,就滚出去!”

◎要说对孩子应该说的话

△说支持的话 锻炼孩子的自立能力

张先生当爸爸多年了。别人提到他很能干 6 岁多的儿子总是赞不绝口。但是他自认为,孩子的成长,自己其实并没有费太多的心，因为很多的事情都是孩子自己处理了。在儿子很小的时候，他就很少主动替孩子做什么。孩子摔倒了，他只是不慌不忙地说："自己爬起来。"孩子玩玩具拼图，怎么也拼不好，他在一边稍加指点，然后告诉孩子："爸爸可不帮你，你能拼好的。"在他认为儿子能够完成一件事的时候，从不主动帮忙。

一天，孩子从幼儿园回家对他说："爸爸，我们老师说要组织一次郊游活动，可是经费得自己想办法，不能向家里要。可是我到哪里去挣钱呢？"做父亲的说："自己的问题可要自己解决。爸爸支持你，但只能提个建议，要靠自己的真本事挣钱。"后来，儿子就和几个小朋友约好，互相帮助清理家里的废品，到废品站去卖。辛苦了一个周末，也挣了不少钱。

孩子也慢慢被调教出来了，遇事不再找父母，而是先自己想办法，实在解决不了，才要求父母帮忙。事实也证明，孩子在能力所及的范围，是可以自己去解决很多问题的。

【专家评析】

张先生的教育方式非常值得借鉴。父母给孩子一定的自由度，适时放手，培养的是孩子独立自立的能力。家长应该对自己孩子的能力有充分的认识，知道他可以做什么。当你意识到孩子完全能够应付他遇到的问题时，就让他自己去解决问题好了。父母可以充当顾问，但是最好"袖手旁观"。

孩子在处理问题的过程中，要判断、决定、行动，这些能力不是一朝一夕就可以培养出来的，需要不断积累经验，不断锻炼。父母也能够从孩子处理问题的过程中，看出孩子各方面的素质，也好在今后实施相应的教育。对孩子说“这个问题自己解决”，也是在告诉他，自己的事情要自己处理，不能依赖他人。而且你做了什么事，都要承担相应的责任。让孩子明白这些，对于他将来的独立非常重要。

孩子可以解决的事，父母不要插手。父母总是以为爱孩子，就等于事事要替孩子去做，不让他操半点心。不仅将孩子生活打理妥贴，而且孩子一遇到什么问题，就主动替孩子做了。孩子未必就乐意让父母这样一手操办。因为往往父母还没有了解真相和实情，就自以为是地替孩子做了决定，结果将事情弄得更糟糕。

孩子有孩子的世界，他有时遇到的问题是不需要大人干预的。比如和小朋友闹了点矛盾，比如老师给他布置了课外实践的任务。这些问题他自己能够解决，父母就不要都替他做了。

有些父母缺乏耐性。比如孩子在家里做一件老师要求做的课件，一些细致的活他做起来显得很笨拙，或者整个地就慢吞吞的。这时家长就看不过眼了，赶紧替孩子帮忙。孩子都不急，你急什么呢？他做他的事，你做你的事，为什么要操这么多无用的心？孩子实在碰到困难，他会来找你的。再说了，孩子就是孩子，他做事慢一点，笨拙一点，都是很很正常的，不要对他要求过高。

这样的妈妈才是聪明的妈妈，尽到了一个母亲的责任，也给了孩子锻炼自我的机会。

温馨提示

家长说支持他，在一边指导，教给孩子的只是方法和技巧，具体的实践，必须让他自己去做。这样孩子才能学到真本事。

△说夸奖的话 培养孩子探索的兴趣

为激发孩子探索的兴趣，王女士对自己4岁多的儿子亲切地说："玩具拆了，有什么有趣的发现呀？你又发现了什么好玩的东西？"

孩子特别好动，而且好奇心很强。她发现孩子有"改造"玩具的天赋。比如买回来的积木，孩子可以按照自己的想象堆出奇形怪状的东西来，而不是玩具制造商所设计的本来玩法。刚开始她总是先教孩子怎样玩，后来，买回积木后，她索性把自主权交给孩子，随便他怎么玩。每当孩子让她欣赏自己的"杰作"时，她都会给以称赞和夸奖："哇，又有了新玩法，真不错！"并且鼓励孩子："还有更好玩的玩法吗？"这时孩子又一个人开始了新的尝试。张女士发现在这个过程中，孩子的脑子越来越灵活了。

【专家评析】

其实很多孩子都有发现的能力，只是大人往往忽略了，或者并未为孩子提供这样的机会。所以，建议父母不论在家里，还是带孩子出去玩，都要不失时机地引导孩子去发现。不用费多大的劲儿，只要问问他："有什么

新发现?”孩子就会动脑筋去想,动手去做了。

给孩子买来一个拼图新玩具,让孩子玩了一会随手一丢,家长也不问一句会不会拼?会几种拼法?或许他玩过了觉得没有什么意思,也懒得去思考什么。要是你问他玩拼图有没有发现有趣的事,他就会去回忆自己玩过的内容,及玩的过程中曾一闪而过的想法。孩子通过回忆,他也许有了新的看法,新的疑问,许多知识,就是这样无形中增加的。孩子有时会主动向父母要求做某件事,例如想把买来没几天的新玩具汽车拆开。这个时候,如家长一阵呵斥,甚至打骂,孩子萌发的好奇的火苗只好被一瓢冷水浇熄了;相反,父母不但给机会让孩子去尝试,还及时询问孩子:“发现什么问题没有啊?”“有新发现吗?”这其实是在提醒孩子,不光是做事,还要观察和思考。孩子的探索的兴趣也会因此慢慢被调动起来。

温馨提示

创造力对于孩子的成长来说是至关重要的,但大人们却常常为发现不了孩子的创造力而担忧。实际上,孩子的创造力往往出现于我们的意料之外,尤其是在他们轻松愉快的游戏活动中。孩子的想象总是比成人新奇、随意,能够打破常规。当我们对他们的成果做出及时而肯定的评价时,他们的创造性就会被最大限度地调动起来,积极思考,大胆想象,创造出成人难以想象的事物。

△说鼓励的话 给孩子以成功的勇气

你给了孩子勇气吗？你是否在孩子跌倒时让他学会自己站起来？你是否在孩子有新想法时给他机会去“冒险”？你是否常常对孩子说“勇敢一点”？

父母常常不希望自己的孩子胆小怕事，可是，他们没有意识到，孩子的胆量是慢慢锻炼出来的。而父母，正是培养他们的好“老师”啊。

有的孩子胆小，怕黑，也怕自己一个人待在家里。要是恰好父母有什么事要出去一会，必须留孩子一人在家，孩子死也不肯一个人待着。没有办法，父母只好说：“这么害怕呀，那算了，你跟着我们吧！”要知道，一个人对于黑暗的恐惧很可能是会持续一辈子的，并不一定成人之后就能消除。如果鼓励孩子说：“孩子，勇敢一点，你是个很棒的小伙子！妈妈一会就回来。”要是这样，你的孩子就会慢慢适应黑暗，而不是逃避。

还有的时候，孩子有一些新想法。比如，有的孩子天生聪明，他们善于思考，脑子里老有一些奇怪的想法。也许有一天他产生了打破常规的想法，比如他用报纸做了一顶古怪的帽子，想戴出去给小朋友“欣赏”，可是又怕给人家笑话。这个时候你应给他打打气：“勇敢一点嘛，小朋友也许会抢着戴呢。”要知道，这是孩子创造力的体现，他有这样打破常规、敢于创新的勇气，为什么不支持呢？

【专家评析】

勇敢不等于冒险。生活中，孩子因为第一次做某事，或接触某件东西，很可能产生畏惧感，在应该给予“勇敢一点”这样的鼓励时，家长不能吝啬这几个字。可是，家长也必须明白，鼓励孩子勇敢并不等于是让他去冒险。孩子跟别的小朋友闹了矛盾，厮打了起来，你不去劝架，反而鼓励他说：“别怕，勇敢一点，你打得过他的。”这就是在怂恿他使用暴力了，是万万不可的。勇敢必须是正当的行为。做父母的怎么能给孩子做坏事的勇气呢？这迟早要害了他。

对于一些冒险的尝试，比如游泳，在之前也先告诉孩子相关知识和注意事项，并且大人要在旁边指导。不赞成无意义的冒险，比如孩子说他要爬到一棵大树的树顶上，这样的勇敢不是勇敢，而是逞能了。这一点必须让孩子明白。除了行为上的勇敢，还有心理上的勇敢。比如勇敢地说出自己心里的想法，勇敢地对待自己的过错。这更需要父母的悉心指导。

温馨提示

称赞和奖励是教育孩子的一种手段，使用恰当可以激励孩子的上进心，有助于培养孩子的优秀品质和健全人格。然而奖励是不能代替教育的，如果滥用奖励就可能本末倒置。

△说肯定的话 给予孩子客观评价

“妈妈，我比赛得了第一名。”欢欢从幼儿园一回家，就高兴地拿出获得的奖状和奖品给妈妈看。但是正在看电视的妈妈只是淡淡地说了一句：“哦，很好。”拿着奖状瞄了一眼，就放在一边了。本来开开心心的欢欢，此时觉得非常失望，一个人闷闷地回到自己的房间。

【专家评析】

我们的父母常常在不需要的时候，给孩子过分的呵护，却在孩子需要的时候，对他们表示出冷淡。孩子在比赛中得了冠军，他的努力得到了回报，父母应该替他高兴，应该对他的行为给予肯定的评价。而这位妈妈却如此平淡地打发了孩子高兴的心情。孩子会怎么想呢？他会觉得很失落，觉得妈妈原来这样地不关心自己。以后再有什么，他也不会去跟妈妈说了。

每个人在生活中，都希望在某个时刻去获得别人的认同。这是通过别人来认识和肯定自己的一种方式。孩子也一样。他甚至更希望别人多关注自己，尤其希望得到爸爸妈妈的肯定和赞扬。

作为父母，应该理解孩子的这种心理。在家里，父母对孩子漠不关心，甚至不闻不问，都会让孩子产生孤独感。他画了一幅画，没人来看；他考了好成绩，没人来理；他洗了一大堆碗，没人来夸；他比赛获奖，没人祝贺……好像他只是个可有可无的角色，父母根本不注意他。长期下去，他会把自己隐藏起来，与父母离得远远的。

适时地给予孩子客观评价，并不需要费多少时间，也不需要花多少心思。当你看到孩子主动把房间打扫干净时，称赞一句："真能干，家里看起来舒服多了。"当你看到孩子画了一幅画的时候，评价一句："真棒，想象力不错！"当孩子兴高采烈地拿着比原来有进步的图画让你看，你仔细看一遍，然后对他说："画得不错，很漂

亮！”孩子要的，也许并不是一句赞扬的话，他要的只是你的一份重视。在他看来，这就是表明你很关心他。

温馨提示

其实孩子最害怕的是孤独，是没人理他，没人重视他。父母的一份赏识，会让他觉得很安慰，很受鼓舞。

△说赞扬的话 用欣赏的眼光看孩子

看待某一样事物，如果用不同的眼光，就会得到不同的认识。你会用欣赏的眼光来看待孩子吗？经常嘲笑孩子的母亲和懂得欣赏孩子的母亲，看到的孩子是截然不同的。

说到这里，想起一个故事：

有位老太太，她有两个儿子。大儿子是卖雨衣的，二儿子是卖遮阳帽的。每到下雨天的时候，她就替二儿子担忧，怕他的帽子卖不出去。可一到艳阳高照的日子，她又为大儿子担忧，怕他的雨衣卖不出去。她整天发愁，后来终于病倒了。有一天，一个邻居对她说：“下雨天的时候，你大儿子雨衣肯定卖得好；出太阳的时候，你二儿子的帽子肯定抢手。不管天气怎样，他们都能赚钱，你还愁什么呢？”老太太一听，觉着挺有道理，再也不犯愁了，这病也就慢慢好了。

【专家评析】

仅仅是转换一个角度，对事物的认识就大大不同了。看待孩子，也同此理。当你用赏识的眼光去看他的时候，会发现他许多不一般的优点。孩子也许贪玩一点，但是头脑灵活，能说会道；也许寡言少语，但是成绩非常好，而且心地善良；也许有点任性，但是做事很有主见……只要你善于去发现，就一定能看到他身上值得肯定的地方。

不会有哪一个孩子一无是处，也不会有哪一个孩子毫无缺点。父母应该做的，就是善于去发掘孩子闪光的一面，并且给予真诚的赞扬。肯定他的优点，就等于告诉他什么行为值得保持下去。这是有利于孩子成长的。

有时哪怕孩子做事并不是那么理想，也要给予表扬和肯定。比如，孩子动脑筋做了一件事，可能在你看来，这事太小，不值一提，但是他毕竟付出了努力，你可以夸他一句“你真聪明”。这样的话有一种暗示作用，是一种间接的鼓励。你的孩子得到了鼓舞，他会变得越来越聪明，越来越自信，越来越成熟，会更加努力。

温馨提示

如果父母看不起自己的孩子，从来不鼓励孩子自己动手做什么事，去亲身实践，甚至根本不给他这样的机会，那么孩子永远都只能原地踏步，能力得不到丝毫的锻炼和提高。将来步入社会，就会像只无头的苍蝇，面对很多事情束手无策，还谈什么成功，谈什么作为？

△说激励的话 保护孩子的积极性

现代的父母，习惯了对孩子说“不许……”和“一定要……”，而不善于用“试试看”三个字。也就是说，习惯了用命令的口气，而不是用鼓励的方式来教育孩子。非但不鼓励，而且在孩子主动要求做某事的时候想也不想就一口回绝。只能说，这样的父母非常愚蠢，把孩子锻炼自己的大好机会白白给毁掉了，还严重打击了孩子的积极性。

【专家评析】

孩子第一次做某件事情，难免因为担心失败而有许多犹豫，这个时候，是最需要父母给予鼓劲的。你一句“不要紧，试试看嘛”，会让他轻松不少。至少他明白了，结果好坏并不很重要。那种过于严肃与正式的气氛也因这句话而被打破，孩子的紧张心理也能够慢慢消除。鼓励孩子去尝试，表现在两个方面。一是当孩子要求做某事的时候，只要没有重大危险，都应该给孩子鼓劲打气：“别害怕，孩子，试试看”。比如，他要求做切菜、煮饭这样的家务活；他主动要求上街买东西；他要学骑自行车。二是孩子没有主动要求的时候，家长要适时地鼓励孩子做某事。例如，对胆小的孩子，你可以让他试着一个人睡一晚上；一个不爱跟人说话的孩子，你可以让他帮你打电话；带着孩子在超市买东西，你可以让孩子来付款结账。

时时给孩子机会做他没有做过的事，他的经验和阅历就会慢慢丰富起来，对自己也逐渐产生了信心。同时也要注意两点。

第一，不要苛求结果。你的目的是让孩子通过一次尝试获得经验，锻炼能力，培养自信。结果只是一个形式，最实质的内容还是在这个过程中孩子是否真正受益。所以，在你鼓励孩子的时候，不要强调他一定得成功。

第二，不论孩子失败与否，都要对他的勇敢尝试给予赞扬。孩子在你的鼓励下做了某件事，不论他做得好不好，都付出了努力，并且战胜了自己的怯懦。这一点是必须给以肯定的。那么，做父母的，也不要吝啬你的称赞。它对于孩子的意义，是让孩子明白他有能力去做自己想做的事。孩子有这样的父母，是他的幸运！

不知你的孩子幸运与否。你的鼓劲让孩子离成功更近，自信的孩子也就成功了一半。因为只有自信，才敢于去做。孩子的自信来源于什么呢？当然缺不了家长的鼓劲。有最亲爱最信赖的人在自己身边，为自己打气、加油，孩子怎能不满怀自信？

“试试看”三个字暗含了“你能行”、“我相信你”和“失败了也没关系”三层意思，孩子是能够从父母的话语和眼神中感觉出来的。这三层意思，一个肯定了孩子的能力，一个表示了父母的信任，一个表明了结果并不重要。在这样的暗示下，孩子毫无心理压力，而且兴致被调动起来，在实际操作的时候，也就能真正发挥出自己的水平。

温馨提示

经常这样给孩子鼓劲，孩子也就有了更多的锻炼机会。他在不断的尝试中，建立了自信心，能力不断得到提高，再遇到什么事情，不用父母说，他都会主动去尝试。

△说公允的话 让孩子认识自己不对

先来看看这么一个故事。

一个小孩子，有一天偷了爸爸钱包里的钱出去买东西吃，被爸爸发现了。爸爸把他叫到跟前，命令他跪下，气冲冲地说："这么小就开始偷东西，长大还得了。偷东西是犯罪，你知道不知道？这次的事爸爸不能饶你，你给我站到院子里去，站一个小时！"

当时正值寒冬腊月，院子里寒气逼人。小孩子在院子里站了不一会儿，就开始哆嗦起来。爸爸看着孩子的可怜样儿，突然意识到，孩子犯这样的错，根本原因不在他，而是自己平时就没有好好关心、教育过孩子。这时，他也站到儿子身边，对儿子说："孩子，偷钱是你的错；但是把你教育成偷钱的孩子，是我的错，我更应该受到惩罚。爸爸罚自己站一个小时，你只要站半个小时。"父亲的认真和惩罚分明，打动了孩子的心。此后，孩子再也没犯过同样的错。

【专家评析】

大人往往有一个不好的毛病，就是只要孩子犯了错，就光顾着训斥、责骂，认为全是孩子不好、不听话，而很少静下心来想想：孩子犯错，自己有没有责任？倘若孩子能自己成长为一个十全十美的人，还要家长和老师的教育做什么？很多时候孩子犯错也是父母自己忽略了对孩子的引导，或教育方法不对。

做父母的，要善于从孩子的问题中发现自己的问题，给孩子做一个榜样，让他也学会客观考虑自身行为。

一个人只有能客观对待自己时，才能主动考虑改变自己的行动。

一直以来，做父母的都有一种观念，认为在孩子面前自己永远是正确的。即便是自己真的错了，也加以掩饰或搪塞，认为承认错误，会失去做父母的威信。父母是孩子的表率，在孩子面前应该光明磊落。大人在对待犯错误的孩子时，更重要的是向孩子传达一个信息：无论谁犯了错误都应自己去承担责任。

孩子错了，父母首先要弄明白孩子犯了错，是不是自己的责任。倘若是自己的教育出了问题，那么就应向孩子坦言，并且道歉，然后再来说孩子的错。这样做，不仅取得了孩子对父母的信任，而且家长的言传身教也让孩子明白：一个人犯了错误没关系，重要的是让孩子认识自己的不对，从而做到敢于承认和改正错误。

温馨提示

如果做爸爸的只知道惩罚儿子，而看不到自己的失职，儿子有可能在心里怨恨爸爸，从此再不学好。这样的教育实在是失败得彻底了。

△说提醒的话 让孩子学会自律

一个人没有自律，就不会有成功。“自己管好自己的事”，这样的话父母基本是不会对孩子说的。因为他们往往把许多事都替孩子“管”了。或者担心孩子太小做不了，或者为了让孩子安心学习，总之，能做的都替孩子做好了，不用他操心。从享受的角度来讲，孩子有这样的父母，可真是幸福呀。换个角度看，父母这又是在害孩子。

【专家评析】

提醒父母经常对孩子说“自己管好自己的事”，或“管好自己的事，不要指望别人。”是为了让孩子逐渐培养自律的习惯，学会打理自己，约束自己，克服懒散、没有时间观念等毛病，规范自己的生活。

比如，有的孩子特别喜欢说“待会儿”。你要他做件什么事，比如让他收拾桌子或者帮个忙，他可能正在津津有味地看动画片，就敷衍说：“待会儿。”而你相信他，便说：“那待会儿要记得啦……”可是，结果如何呢？过了好久，父母看到他丝毫没有要自己动手的意思，就干脆替孩子收拾桌子，或者想办法把需要帮忙的事一个人做了。

孩子这样敷衍惯了，就会逐渐养成懒散的毛病，没有一点时间观念。正确的方法是，“待会儿要记得”这样的话不要说，“马上去！”这样强制命令的话也不要说。你让他明确说出“待会儿”到底是多久，到了那个时间，一定要开始做那件事不可。并告诉他，说到的事就要做到。

一个孩子从小养成自律的习惯，不仅能让生活规范化、条理化，而且能克服许多不良的爱好，比如无节制地玩游戏。当他懂得约束和克制自己的时候，他就能够把握玩的分寸，既让自己获得乐趣，又不沉迷其中。

自律不仅是个人获得成长的前提，也是超越自己的先决条件。孩子小时候就养成自律的习惯，长大了，为人处世也有了自己的原则。他会懂得如何为了一个目标而尽心努力，如何在众多的诱惑面前把持自己，如何取舍选择……

家长的过分宠爱，是造成孩子缺乏自律性的主要原因。想想看，如果小时候在家里想要什么就给什么，想怎样就怎样，父母不对他加以约束，那么他上了小学，也可能还是不知道如何管束自己了。很可能上课不专心听讲，做小动作；作业不好好写；无节制地玩游戏。父母的纵容，会让孩子变得任性、蛮横、固执、懒惰、刁钻，反正是令人讨厌。

温馨提示

在生活中，父母在让孩子负责自己的事情这一前提下，迈出学会约束自己、克制自己的第一步。对于孩子能够管好的事，家长提一些建议，教一些方法，具体操作就交给孩子自己去处理。慢慢他也就懂得如何对自己的事情负责；而且，一旦他感受到自律的好处，会自然而然地就把这当作一种习惯。

△说启发的话 激发孩子的好奇心

有的父母带着孩子出门去玩的时候，最喜欢警告孩子："不许到那个地方去！""别跑远了。""不要到处乱跑。"看到孩子盯着一群蚂蚁，赶紧呵斥："一群蚂蚁有什么好看的？爬到你身上就有你受的。"孩子的好奇心和探索的兴趣往往就这样被扼杀了。可是，如果你问一句："看什么呢？发现了什么好玩的？"孩子也许真能说

出他的“高见”。经常这样，孩子会形成一种习惯，看到新鲜有趣的事，他都会留心观察，有什么疑问，他自己去找答案。这有利于培养孩子的观察力和探索能力。

【专家评析】

当然了，你不能强迫孩子去探索和发现。父母提供的，只是一个契机，一条线索，一种启发，适时表扬孩子的发现。但是，不要说提醒孩子去发现，有时就是孩子有了发现，父母通常也就随便打发了。

孩子：“妈妈，我发现树上有个奇怪的洞。”

妈妈：“一个洞有什么好奇怪的。”

孩子：“爸爸，我终于发现那只鸟为什么老不愿意离开了。”

爸爸：“哦。你去玩吧，爸爸很忙。”

这是生活中很普遍的现象。父母要么对孩子的一个小小发现不以为然，要么因工作繁忙而对孩子敷衍了事。简单一句话，就把孩子因为有了发现而产生的勃勃兴致全浇灭了。如果父母老是对孩子这样，他以后再也没兴趣去探索什么东西了，或者有什么发现，也懒得跟父母说。

孩子的提问是需要有人回应的。要是他做了一件事，而没有任何人来关注，他会觉得失落和无趣。特别是孩子有某个发现的时候，他心里是很惊喜和得意的，迫切需要与人分享自己的“成就”，尤其需要获得父母的重视和肯定。父母的冷淡，会让一团兴趣的火花瞬间熄灭。

必须注意幼儿期事实与想象混淆的特点，当发生这

种情况时，不要说孩子在说谎、欺骗，应耐心帮助他分清什么是他想出来的，什么是真实的，使他逐渐地分清想象和现实的区别。

温馨提示

所有的孩子都有一种无法满足的好奇心，好听、好看、好问、好想，这是求知欲的表现，也是智力发展的驱动心理，越是聪明的孩子，好奇心就越强烈。这时候，亟待有人特别是家长的启迪、辅助和支持。万不能以为是孩子“胡想瞎思”而置若罔闻。

△说引导的话 让孩子展开想象的翅膀

善于思考的大脑才是能够进步的大脑。一般来说，孩子的好奇心是很强的，即便父母不做提示，他也会主动去思考令他感到好奇的事物。但是，这种自主性毕竟是有局限的，因为孩子没有太多的生活经验和阅历体会，他的思考往往很单纯。

做父母的完全可以有意识地为孩子提供思考的线索或者思路，引导他的思维扩散开来。最简单的方法，就是常常在特定情景下问孩子：“妈妈是这样认为的。你呢？”或者是“假如是你，你会怎么做？”让孩子展开想象的翅膀。

【专家评析】

举个例子。你的孩子很喜欢看电视。与其强迫孩子不看电视，惹他不高兴，还不如趁着这个机会，就某一个情节，问孩子换了是他，他会怎么做。这个时候，孩子就会把故事当作一个现实的问题来思考，并做出自己的

判断和选择。在思考的过程中，孩子能在心里经历现实中不能经历的体验，获得一种认识或者感悟。这个时候，他已不再是单纯地在看电视了，而是在以独特方式培养思维能力。很可能你随意的一句“假如是你，你会怎么做”，会让孩子的脑子里翻腾无数的奇思妙想。

小孩子犯了错，往往喜欢把责任往别的孩子身上推，这是一种非常不好的习惯。这么小就不为自己的过错负责任，长大了还会有责任感吗？当然，孩子自己意识不到这一点，他不过是因为害怕挨打挨骂而撒谎，而让别人代自己受过。对于推卸责任的孩子，父母要帮助孩子认识到他的做法的利害关系。也不必费太多的口舌，你用上这句“假如是你，你会怎样”就可以了。

这就是一种换位思考，把孩子置于他人的位置，让他设身处地地考虑别人的处境。当孩子想到自己被人这样冤枉，甚至“陷害”是多么地气愤和委屈时，他一定会明白自己的做法是多么的不对，甚至可耻。

孩子从小就学会冷静分析别人的立场，将来长大了，他思考问题也就不会片面化和偏激了。

有些小孩子经常不能完整或者清楚地表达自己的意见。是因为他们天生笨拙吗？还有些人到了中学，成为大孩子了，仍然一说话就紧张，结结巴巴，这也是他们生来愚钝吗？不是的，只不过是锻炼得少了而已。

你可以发现，那些表达能力差的孩子，要么是从来就没有向别人陈述意见的念头；要么就是对自己缺乏足够信心，有想法却不敢表达，更愿意附和别人；要么就是

过于看重别人对自己的看法，缄口不语；再要么就是心理素质差，人一多就紧张，临时怯场。

其实，这些都是可以通过平时的锻炼慢慢克服的。对于平时不爱表达意见的孩子，父母随时都可以就某件事提问："妈妈是这么看的，你觉得呢？"提醒他思考，引导他表达。

对于那些缺乏自信的孩子，可以问他："换了是你，你怎么办？"不论孩子的表达多么幼稚可笑，父母都要严肃对待，千万不能取笑，都要对他的表达予以评价，有时不妨称赞一二，给他一些鼓励。相信他的自信会逐渐培养起来，表达能力也会随之提高。

温馨提示

学前期幼儿思维活跃，想象力丰富，兴趣广泛，可塑性强，是个体最富有创造力的时期，培养幼儿的想象力、创造力，是对幼儿进行素质启蒙教育的一项重要任务，因此父母和幼儿园教师必须考虑如何承担好这一重任。

△说商量的话 营造家庭民主氛围

"这件事爸爸妈妈想听听你的意思。"

"孩子，这是个严重的问题，咱们商量一下看怎么解决好。"

孩子也是家庭的重要一员。"你们为什么都不问问我愿意不愿意？"当梅丽听说要把自己送到外婆家寄养一年的时候，大哭着质问爸爸妈妈。"大人决定的事，还要问你同不同意？"爸爸非常生气。"是啊，孩子，这事也由不得你，我和你爸爸明年会很忙，没有时间照顾你。”妈妈也发话了。“可我也是这个家的人，为什么你们决定之前都不跟我说一声?”梅丽还是觉得很委屈。“好了，这事已定了。以后再有什么事，我们都先跟你商量好吗?”妈妈打圆场了。梅丽也没办法，只得听从了父母的安排。不知道这位妈妈说话是否算数，是否等到真有下次的时候，又把孩子完全撇在一边。

【专家评析】

一个家庭，除了父母，还有孩子。可是，父母往往把孩子排斥在外，尤其是决定一些重要的事情时。他们总是认为孩子太小，什么也不懂。没错，生活中纯粹的大人之间的事可以暂时不让孩子知道，可是还有很多事是完全应该让孩子也参与讨论的，尤其是大人做出关于孩子的某项决定时。不要以为孩子是你的，你就可以随便对他做出决定。他年龄虽小，总归是一个人，他有权知道关于自己的事情。事实上，只要是家庭的成员，都有权参与家庭事件的讨论与决定，这样可以营造一种良好的家庭氛围。哪怕是婴幼儿，家里在讨论某件事的时候，也可以让他待在一边，就算是个形式也非常重要。对于已经具有一定思维能力的孩子，就更不可忽视他在家中的地位了。

孩子和父母在家庭里地位是平等的，都一样地重要。举个例子。

好不容易有个假期了，父母商量着去哪儿玩好。这个时候请叫上你的孩子吧:“来，孩子，咱们商量一下该去哪儿玩好。"相信受到这样的"邀请",孩子会非常开心。他在家中的地位得到了体现,他从父母的重视中感受到了一份尊重,也不再觉得父母高高在上,反而有种亲近感。

比如生活中还有许多事,比如家里经济紧张了,需要商量如何节约开支;比如要添置一样家具,需要商量买什么式样和价位的;比如想在家里搞个小聚会,商量怎么办才有创意……这些事情完全可以让孩子也参与讨论,让他也贡献一份"才智"。别说,有的孩子还真能贡献出一个大人怎么也想不到的好点子来呢。哪怕他真的说不出有价值的建议,这种讨论本身,对家庭、对孩子来说,都是有意义的。

尊重孩子的父母,也会受到孩子的尊重。时常被家长请去商量某件事情的孩子,到了他要做一项决定的时候,也会主动地去跟父母商量,而不是一意孤行。时刻记得,孩子是家庭重要的一分子。许多事情,要和孩子商量着办。学会与孩子商量,是两代人沟通的好方法。人和人之间,如果互相不沟通,不交流,是无法相互了解的。而不了解,就会产生隔膜与误会。父母与孩子也是如此。

代沟问题一直是令孩子与父母都深感头疼的问题。两代人之间产生一条无法逾越的沟壑,有时代观念的影响,父母有父母的一套价值观念,孩子有孩子的一套价值观念,而且互相不了解,如何能不产生冲突和矛盾呢?但是也往往是因为父母与子女之间缺乏交流与沟通造成的。及时而有效的交流，是避免两代人产生代沟的有效方法。而实现两代人的沟通，最好的方式就是时常与孩子商量。

温馨提示

一家人坐在一起商量某件事，大人和孩子各自的观点都被摆出来讨论，为了一个共同的目的而不断修正个人的偏见，最后达成共识，何乐不为呢？

△说“中听”的话 让孩子乐于接受批评

先来看一个例子。

孩子在院子里踢球，一不小心，球被踢飞了，砸到窗户上，玻璃全碎了。这时正在做家务的妈妈火冒三丈：“早就说了叫你不要在院子里踢球，你就是不长耳朵，现在也不长眼睛，以后你再在院子里踢球，看我怎么揍你。”本来准备向妈妈道歉的孩子，被妈妈这么一顿数落，觉得挺委屈的，也对妈妈感到失望。从此后，不论妈妈说什么，他根本听都不听了，更别说放在心上。这就是失败的教育。

【专家评析】

在生活中，谁不犯错呢？大人难免，何况孩子。如果说孩子乱扔了垃圾，家长不应该说：“叫你不要到处乱扔垃圾，你长耳朵没有！”应该说：“孩子，要是每个人都像你这么把垃圾到处扔，那我们生活的地方会多么脏啊。”孩子和别的孩子一块抢玩具，家长不应该说：“那些东西家里又不是没有，你还去跟小孩子抢，丢不丢脸啊。”应该说：“跟别人借来玩一下可以，但是不可以去抢呀。”

在孩子的世界里，没有那么多规矩，他们也不是一开始就知道哪些是应该的，哪些是不该的。他们有时候犯错误甚至都是无心的。很多时候，是大人夸大了孩子的错误，把不严重的事弄得非常严重，自己生不必要的气不说，还让孩子无辜地受责骂。

父母教育孩子，首先，应该把孩子犯错误当平常事来对待，对他犯错误表示理解。另外，说话要“中听”，不能劈头盖脸地来一番数落。这样一方面可以缓解孩子因犯错误带来的心理压力，另一方面也让自己对孩子有一个正确全面的认识。

过分的或者不问缘由的指责，会使孩子畏畏缩缩，产生逆反心理，甚至形成怪僻的性情。想想，犯了错的孩子，他内心里本来就很害怕，担心挨骂、挨打，有时可能不是他故意的，想对父母解释，而父母不分青红皂白，一顿数落，他在对父母产生恐惧感的同时，还会感到失望，觉得父母并不理解和宽容自己。久而久之，孩子和父母只会越来越疏远。

温馨提示

父母的责任就是在孩子犯错误时，及时给予提醒，制止他们的这种行为，引导孩子认识错误、改正错误。做到这一点的前提是家长自己首先要冷静。所以不论有多气，都必须压住怒火，先弄明白整件事的经过，了解孩子是犯了什么错，为什么会犯错，错到了什么程度；然后再心平气和地告诉孩子他怎么不对了，应该怎么改正。

△说理解的话 经常和孩子沟通

生活中有很多蛮不讲理的霸道父母，不了解孩子，也不愿意去了解孩子。更可悲的一种是明明不了解孩子，却自以为了解。一个父母与孩子不做沟通的家庭，往往是危机四伏的。

幼小的孩子依赖父母，但也有自我意识。如果是大孩子，自我意识就比较强烈了，他们不再像小时候那样把什么事都讲给爸爸妈妈听。在他们眼里，父母就只是大人，而没有意识到父母也是从孩提时代过来的，也有过他们这样的生长过程，也跟他们一样有过不安、焦躁和烦恼。他们把父母放在大人的世界里，把自己放在孩子的世界里，所以不愿意跟父母分享自己的“小秘密”。

他牢骚满腹，愤愤不平。也许他针对的是老师，或者是小朋友，甚至是一个陌生的人，也许只是芝麻大点的事。这个时候，做父母的，别急于劝解，最好是先对他的不满表示出理解和共鸣，然后不动声色，让孩子把事情经过细细说给你听，弄清楚问题到底出在哪儿。

比如，你可以说：“是这样啊？你觉得很不服气，对吧？妈妈非常理解你那种不甘的心情。”也许孩子并不能立刻接受你的态度，但是至少在心理上，会获得暂时的安慰。这是你进入到他的心灵世界的第一步，需要耐心和平静。孩子认同了你对他的共鸣，那么后面的问题就比较容易解决了。

【专家评析】

有一位母亲很善于和孩子沟通。在她读初二的女儿为一段感情而难过时，她对女儿说了这么一番话："我很理解你现在的心情。妈妈跟你一样，也有过青春期，有过这样的经历。而且，还比你烦恼得多，甚至因为不安和焦虑，都快要崩溃了。但是最后还是挺过来了呀。只要一步一步向前，没有什么障碍是跨越不了的。现在想起那时候，尽管有很多苦恼，但是那的确是一个令人留恋值得回忆的时代。可能现在的你比妈妈当初更累，但是没关系呀，你可以把这当作成长的一种体验。"

也许做女儿的并不会因为母亲这么说就把自己所有的心里话都说出来，然而在她心里，母亲跟她之间那种大人和孩子的差距已经消除了。这，就已经是一种进步了。理解和沟通，都是需要时间的，父母对孩子要多些耐心。经常表现出对孩子的理解，父母与子女间的信任和尊重的和谐关系也就能慢慢建立起来了。

温馨提示

对孩子事实上的了解，实际是对他的心情的一种感同身受，想象你处在他的位置，想象你像他这么大的时候是什么样。你能做到这一点，那才说明你进入到了孩子的世界。

△说信任的话 激发孩子的潜能

做父母的，在内心里都有一个潜在的意识，就是觉得孩子小，做事不放心，对孩子的能力缺乏足够的信任。也有的父母出于保护孩子的心理，不让孩子去尝试做他没做过的事。一旦孩子提出要做什么，家长就说"你怎

么行”之类的话。

“妈妈，让我来切菜吧。”“爸爸，我出去买东西吧。”有时，孩子会向父母提出类似的这些要求。但是，父母的第一反应往往是表示反对，开口就说：“你太小了，做不了。”因为孩子初次做的事通常难以做好，父母要花许多时间来指导，还要替他们收拾烂摊子。同时，也担心孩子的安全。这样想，的确没错，但是经常如此，对孩子将产生怎样的影响，父母又想过吗？

【专家评析】

父母是孩子最信赖的人，他们的话能造就一个孩子，也能毁掉一个孩子。这已经不是什么新鲜道理了。试想，当孩子想做一件事的时候，父母总是说“你不行的”、“你做不好”这类的话，孩子本来潜在的能力或许就从此被遏制了，永远无法发挥出来。到最后，孩子自己很可能产生这样的错觉：“我真没用，什么都做不了。”长期下去，他会慢慢对事物失去兴趣，那个时候，也许就真的“什么也不会做”了。

还要注意，孩子的好奇心永远都是难以捉摸的。有时，他得不到父母的允许，会自己偷偷地去做想做的事，这比在父母的指导下去尝试更危险。

你希望你的孩子最后成为一个什么事都不敢做，甚至畏手畏脚的人吗？如果不，那么就别吝啬你的鼓励和赏识。

教育理论上，有一种赏识教育。父母可以把它运用到日常生活中来。这样的话应该经常说：“孩子，你能行!”“孩子,你能行的,妈妈相信你。“好吧,爸爸让你来,你可以做好的。”

在孩子要求做某事的时候,不妨给他机会去尝试。当然了,也许某些事对孩子来说有一定的危险,但是,只要父母事先告诉孩子做事的步骤、技巧和注意事项,并在一旁静静观察,不会有事的。这个过程中,父母最好是保持冷静,并且做个绝对的“局外人”。一切让孩子自己动手、动脑。这是个锻炼孩子的好机会,结果如何并不重要。所以,你也不要在孩子没做好事情时,给他泼冷水,说“我就说过你做不了”这样的话。明智的做法是帮他找原因,鼓励他重做一遍。

你可以看到,孩子在一次次的尝试和努力中,的确能学到不少东西,他处理事情的能力也得到了提高。赏识和信任,是激发孩子兴趣的一个很有效的方式,也是让孩子潜能得到发挥的契机。赏识是一种建立在对孩子的性格、能力完全了解的基础之上的看法。说得简单些,它是发自内心的,而不是装出来的。

温馨提示

发自内心的赏识,就是你对孩子说“你能行”的时候。永远学不会对孩子放手的父母,不仅自己累,还让孩子失去了很多的锻炼机会。父母应当认识到:子女是独立的个体,他们有自己的追求和希望,不能将自己的好恶强加给子女。这样同时减轻了父母和孩子的心理压力,使子女可以花更多的精力去寻找自己的追求,取得事业的进步。

△说恳切的话 帮助孩子改正错误

我们想象一下，假如你这个做爸爸的在工作上出了一点差错，领导对你大发脾气，把你臭骂一顿，你会是什么心情？要是领导并没有过于指责，而是给你机会去改正错误，挽回损失，你又会是什么心情？如果你对此有切身的体会，那么，请不要为难你的孩子，请你也给孩子一次机会，请你学会对孩子说："错了没关系。"

人一生，不犯错误是不可能的。古人早就总结出了这个道理。然而，大人们往往用它来安慰自己，而不肯借它来原谅孩子。大人的世界和孩子的世界，也有共通的"法则"，为什么大人们常常偏袒自己，而对孩子那么苛刻呢？这太不公平了吧？

爸爸："我早就说过你做不来的，看看吧，现在吃到苦头了吧？"

妈妈："你为什么老是犯错误？就不能聪明一回吗？"

看看，父母们最会这样责骂孩子了。一旦孩子犯错，也不管是什么原因，具体怎么回事，斥责的话就说出口了。孩子难道就愿意犯错误了？其实，父母也知道，在生活中，犯错误是件多么平常的事。只是，他们对孩子的要求太高了。

【专家评析】

家长们希望自己的孩子做事稳妥，不犯错，可是他们又不能接受孩子通过试错法去积累经验，锻炼能力，而是在一边泼冷水，甚至说风凉话，使孩子没有机会获得新的体验。

当然了，凡事肯定有利也有弊。过分的宽容是不可取的，但是在该宽容的时候，我们决不能过于苛刻。

孩子做错了事，你的一句"孩子，没关系，这只是一件小事，妈妈知道你是无心的。"或者说："错了没关系，下次别再犯就行了。"这会让孩子心里轻松很多。父母的宽容会让孩子心生感激，他会努力去改正错误来作为对这种宽容的回报。此时，你也是给了他改过并获取成功的勇气。孩子不是木头啊，他懂得感情的回报。"

不过，仅仅是一句"错了没关系"还是不够的。宽容也不是无条件、无原则的，它也有个度。在你谅解了孩子的错误时，也不要忘了告诉孩子，他为什么错了，该如何去改正；你必须让孩子明白，做错了事没有关系，但必须及时改正。

也许有的父母会担心这种宽容会让孩子无所顾忌而犯更多的错误。其实，一个孩子怎么成长，在很大程度上受着父母的影响。父母在教育孩子的时候，就应该逐渐地告诉孩子哪些事是该做的，哪些是不能做的。而不是等孩子犯了错再来告诉他是非。

温馨提示

如果你的孩子在宽容之下犯了更多的错误，那就要问你自己是不是教育不当了。

△说宽容的话 让孩子敢于面对失败

做父母的，往往是望子成龙、望女成凤，一门心思扑在孩子身上，今天送他上“特长班”，明天要他上“兴趣班”，反复在孩子耳边念叨：一定要努力呀，一定要学好呀，不能掉队呀。这样的心情可以理解，但给孩子这样大的压力，真的对孩子有害无益。

孩子只是孩子，他没有生活的阅历与应验，他还处在人生中最初摸索的阶段。做父母的应该允许孩子失败，给他锻炼自己意志力的机会，给他增加自己阅历的机会。

【专家评析】

在生活中，让孩子适当地承受和宽容一些失败是很必要的。芳芳攻学钢琴，考级时妈妈说：“孩子，放松些，考得不好没关系，重要的是你尽了力。”作为父母，必须让孩子知道，每个人都有失败的可能，失败并不可耻，更不可怕，可怕的是失败了不敢面对，不去改正不足。

如果说：“这次你一定要考好，再考砸了，你就别想再学了。”父母不允许孩子失败，往往是只看到了失败的一个方面，把它看成是丢脸的事，却忽略了失败的价值和意义。

父母应该有“失败即教育”的意识。孩子失败了，但是他获得了“痛苦的体验”，将来就知道如何去避免。同时，他也有了挑战困难的契机。孩子从失败走向成功的过程，就是一个锻炼自身，慢慢成熟的过程。他的良好的心理素质和解决问题的能力会在这个过程中培养出来。

在一帆风顺的环境中长大的孩子，脆弱的心理会渐渐定型，有一天当他面对突如其来的挫折时，会惊慌失措，甚至一蹶不振。人生缺少了磨炼，想取得永久的成功是不可能的。从这个意义上说，父母应该鼓励孩子去尝试做一些事情，在失败的磨砺中，锻炼出胆量，摸索出经验。有时，父母就算知道孩子成功的几率很小，也要让他做做看。告诉孩子："失败了没关系。"

生活中，父母常为孩子的错误和失败担心、着急，害怕孩子下次再犯，有时就忍不住地警告孩子："你到底要这样失败多少次?"可是父母是否想到，给孩子"不许失败"的压力，孩子的心理负担会更重，情绪也会一直处于紧张状态，不但不能够从失败的状态中走出来，甚至更糟。

孩子做某件事失败了时，父母不应以怜悯的态度来对待孩子，或者在孩子面前唉声叹气，更不应劈头盖脸责骂孩子。正确的方法是让孩子明白，失败是人人都可能碰到的，不是什么大不了的事，勇敢、聪明的人应该从失败中吸取教训，继续努力。这其中还有一个潜在的心理效应：允许孩子失败，也是对孩子能够成功的一种信任。那么，请你也给孩子这份信任吧。

温馨提示

父母对孩子的宽容绝对不等于放纵，也不等于对孩子 犯的错误不闻不问。这是所说的宽容是指父母对孩子犯的一般性错误行为暂时不作指责和批评，而是经过父母和孩子双方冷静之后，再来共同确定或者找出解决问题的方法。父母对孩子的宽容是对孩子的理解。孩子体会到父母的理解，会更加珍惜父母的宽容，加倍使自己的行为更规范，尽力把事情做好，让父母满意。

△说真诚的话 让孩子自己决定大事

许多的父母喜欢包办孩子的一切。从生活到学习，甚至到将来的人生方向、婚姻家庭，都要去干涉，该做的做了，不该做的也做了，却从不考虑孩子的感受。这是一个非常不好的传统。

一个人，从小到大，会面临无数的选择。可是怎样去做一个决断，怎样做出最好的选择，需要这方面的能力。选择是一种综合能力的体现，做出一项正确的抉择，需要考虑与之相关的一切因素：有利的、不利的、眼前的、长远的。它考验的是一个人的眼光、智慧、魄力与胆量。一个事事都由父母拿主意的孩子，长大后会有这样的能力吗？

【专家评析】

太多的父母习惯于把“选择权”牢牢握在自己手中，为孩子“规划”生活和学习。不是逼着孩子练钢琴，就是命令孩子学美术，不准这样，必须那样，根本不去管孩子喜欢什么，需要什么。说得严重点，这就是在扼杀孩子的天赋，毁坏孩子的前途。可是家长们往往早早地就为自己的英明决断而沾沾自喜，以为给孩子选了一条将来可以飞黄腾达的道路。

父母的这种“主动”，是一种居高临下、越俎代庖的方法，对孩子的成长其实是很不利的。如果你的选择是对的，那么孩子只是坐享其成，他无法从中获取有益的体验，无法享受到实现自我价值带来的愉悦感。如果你的选择错了，孩子就失掉了好的机遇，他就会怪你。家长们何苦还要吃力不讨好呢？

父母一味替孩子拿主意，最后会是这样的结果：让孩子失去了自己的决断力，变得没有主见。这样的孩子在生活中做任何事都会显得胆小畏缩，只会顺从别人的意思，甚至任人摆布。这将影响孩子的一生啊。把自己的要求强加给孩子，是不会调动起孩子的积极性的，结果只会是什么目标也达不成。而且父母的这种做法往往会引起孩子的反感，让他产生逆反心理。

好的父母，既是孩子的朋友，也是孩子的老师，遇事坐下来和孩子商量。他们会对孩子说："你喜欢什么，自己选吧。"

或者说："爸爸不干涉你的选择，但是你自己要慎重。""你自己选，妈妈当参谋。""你来决定这件事。"

孩子慢慢长大，父母就应慢慢"放权"，从他的生活中退出来，让他做主角，学会自己去做决定，运用自己的头脑和力量。

如果真的一时难以完全放手，可以试着用这样的方法：在和孩子进行交流的过程中，有意识地为孩子提供一些不会出错的选择项，让他做最终决定。比如，你要孩子培养一种兴趣，可以问他："你是想学画画、弹琴，还是书法？"在你允许的范围内，让他去选择。孩子会很高

兴父母对他的信任、理解与尊重，也会慎重地对待自己的选择。一次两次，随着孩子一天天长大，父母慢慢放手，给孩子越来越大的选择空间。

温馨提示

当孩子做选择的时候，希望父母在陈述完自己的意见后，真诚地对孩子说一句“你自己来决定”。

△说关切的话 给孩子以心理满足

孩子天生好奇心强，有时他们也没有途径去满足好奇心，便只好拿不明白的事去问父母。认真对待孩子的提问是父母是非常重要的。试想，做父母某日在一个咨询台询问一件什么事，但是对方只是随便敷衍几句来搪塞你，你会是什么心情？如果每次都碰到这样的事呢？你又会怎么想？估计你除了气愤，多碰壁几次后，再也不会去咨询什么事了。那么，由己及人，也来想想孩子们吧。

然而，当孩子的提问时，父母们往往觉得他们只是在没事找事，问的问题实在多而无聊，甚至可笑。有时，大人又因为工作忙或者孩子的问题实在难以回答，便应付说“现在忙，过一会再说”或者“你自己想吧”。有时大人实在恼了，没好气地说：“你问我，我问谁去？”

这样的态度，首先，会严重打击孩子的好奇心。如果经常这样，孩子会逐渐变得对身边的事物失去兴趣，也失去了思考的机会，大脑会趋向于迟钝。其次，会影响父母与孩子的亲密关系，因为孩子会觉得父母根本就不关心自己。

【专家评析】

家长要“孩子优先”，无论多忙，无论孩子的问题多么可笑，多么难以回答，都要认真地对待。这样，不仅使孩子的求知好奇心自然地得到发展，也能确立起父母与孩子之间的协调关系的基础。

孩子的心理没有那么复杂，有时提出一个问题来，却让父母难以回答。这个时候怎么办呢？有的家长正在烦心，孩子一问，便没好气地说：“小孩子问那么多干什么，玩你的去！”或者说：“这不是你要知道的事！”他们认为这是理所当然的态度。毕竟，大人之间的纠葛，跟孩子说了无益，何况还讲不明白。

有的孩子天性敏感，内心脆弱，好不容易有了兴趣问问父母，却碰了一鼻子灰，他的心里该是多么难受。而且很可能在潜意识中害怕再次受到伤害，而再也不问父母问题，甚至疏远父母。这样的次数多了，父母与孩子的关系会不断淡化，交流与沟通的和谐关系被破坏。长久下去，孩子的心只会离父母越来越远。

聪明的父母，应该学会接纳孩子和他提出的问题。即便是很难回答的问题，也要对其提问表示出极大的关注，并明白地告诉他，“等你长大了自然会明白”或者“这个问题太复杂了，等明天妈妈弄清楚了，再告诉你好吗？”当然了，你说到就要做到，不能敷衍孩子。

也许孩子提问并不一定就是要一个准确的答案。他们的快乐有时在提问这个过程，而不是答案本身。所以，父母对孩子提问表示关切，有个交代，孩子心理上就

获得了被接纳被重视的满足感，他的好奇心及对父母的信赖会慢慢地发展起来。

温馨提示

值得一提的是，父母千万不要随便乱说，胡诌一个答案，尤其是一些涉及科学知识的问题，一定要自己弄清楚了再告诉孩子。

△说体贴的话 给孩子应有的自由

爸爸："好了，现在没事了，剩下的时间都给你了。"

妈妈："做完了作业，剩下的时间你自己安排吧。"

给孩子自由支配的时间，为什么父母应该经常对孩子说这句体贴的话？因为孩子也应该有他应有的自由，包括对时间的一定支配权。同时，这也是教育孩子有效利用时间的好方法。

现在的孩子是挺可怜的，许多家长考虑最多的是孩子的明天将会怎样。他们过于担忧和心急，不惜花费大量的精力与财力，用"兴趣班"把幼儿的时间填得满满的，以牺牲幼儿的今天为代价来换取所谓的"美好的明天"。才进入小学，除了做永远做不完的家庭作业外，还要上各种"特长班"。孩子想要自己支配的时间，不知到哪里去找？

【专家评析】

说起来，这还是家长的观念转变不过来，总认为学习是孩子一切生活的轴心，什么时候都把它排在第一位。其实孩子是应该全面发展的，他的生活中除了学习，还应该有自己的兴趣和娱乐，有自己的休闲和交际。

这些对孩子来说都是很重要的。

训练孩子有效利用时间为着孩子考虑，家长必须把属于他的时间还给他。同时，还要教导他如何利用好时间。这种“干涉”是有必要的。当然，如果你的孩子能够自己把时间利用得很好，很有效率，那么，你倒是要向孩子学习让孩子有自由支配的时间。比如，周末孩子没有作业了，你可以以提醒的方式问他：“今天的时间你有什么好的安排？”孩子如果没有约定好的事，他一般只是随性地玩耍，他能找到自己的乐趣也很好，可是长期下去，也是一种浪费。家长可以从旁边做个提醒，让他在属于自己的时间里，做些更有收获、更有意义的事情。当然并不需要他每次都如此，但是他必须有这样的意识。

有的父母之所以严格限制孩子玩，是因为他们总认为，孩子玩的时候根本不动脑筋，就只是纯粹地在浪费时间。这可真是冤枉了孩子。孩子的好奇心可比大人强得多，而且他的知识水平有限，所以玩的时候，他的小脑瓜可是一刻也没停止过思考呀。脑子越用越灵活，家长们都知道这个道理。可是又有几个人知道孩子玩耍正是锻炼大脑的最好方法之一呢？

在孩子学习了一天之后，让他自由地去玩，这不仅是给他放松的机会，也是让去接触书本之外的知识。其实，父母也能够发现，孩子在玩的时候才会发现问题，才会特别主动地去思考问题。这种自主性也可以由玩而慢慢转移到学习上来。也有的父母不许孩子玩，是觉得他们通常会弄得一身脏兮兮的回家。每天为他洗一堆的脏衣服就够累的了。但是，母亲能因此就不给孩子玩的机会吗？到底是孩子玩得开心尽兴重要，还是一身衣服重要？如果母亲仅仅是忍受不了洗衣服，那么这样的妈妈也太懒了，太吝于付出亲情了。

要是一个孩子在天真烂漫的年龄里却整天乖乖待在家里，死气沉沉，这个时候倒真值得担心了。玩是孩子的天性，也是他们的权利。如果你曾经有个美好的童年，为什么不让你的孩子也享受那样的乐趣呢？没有父母不希望自己的孩子神采奕奕、朝气蓬勃。那么就放心地把玩的权利交给孩子吧。父母的支持是最好的精神动力。孩子在父母的允许下去玩，心情会完全放松。不要对孩子的玩进行限制或者监视。如果可以，你不妨跟孩子一起玩，找机会略微点拨他，让孩子在玩乐中发现不同的趣味，启发他的好奇心。

温馨提示

孩子的主动性并非生来就有，父母应多给孩子创造机会，把他的积极性调动起来。在学习的时间用功学习，在玩的时间尽情玩，对孩子来说，这是有效的劳逸结合。玩耍的时候，孩子身心放松，多半是身体运动，这对于孩子的身体健康也是必不可少的。

△说温馨的话 爱是最美丽的语言

毫无疑问，父母都是爱孩子的，并且以各种方式实实在在地关爱着孩子。

中国的父母一向习惯于默默地为孩子做很多事，不将爱挂在嘴边。这除了跟传统的思想观念有关，也是因为父母们认识不到把“爱”字说出口的重要性。他们总是认为自己为孩子做了什么，孩子都能体会得到，就算不说，孩子也能明白父母的一片苦心和爱心。

有人说，爱并不一定要说出口。在情人之间，或许行得通，可是，在父母与孩子之间，“爱”必须很明确地表达出来。

就只是这么一个字，说出口和藏在心里，是有很大区别的。情感是很微妙的东西，如果仅仅把它藏在心里，对方就不能真正准确地感受得到，尤其是孩子，有时他甚至不确定你是否有这样的情感。这时，就需要你明白地告诉孩子，你是如此地爱他：

“我的孩子，妈妈好爱你哦！”

“宝贝，妈妈非常爱你！”

“小家伙，爸爸爱你！”

这样的话往往让一些父母羞于启齿，他们还不习惯这样与孩子对话。在他们看来，这样的话显得矫情、肉麻、做作，甚至多余。都是一家人，还老说爱不爱的，有必要吗？如果你真这么想，那就错了。正因为是一家人，才要互相让对方明白自己的爱。这是家人相处的基调，有它才有生活的和谐。

【专家评析】

孩子在幼年的时候是特别依赖于父母的，只有待在父母身边，他们才觉得舒心和安全。但是，生活中，父母难免照顾不周，难免责骂孩子。一旦孩子处在这种境地，他就可能怀疑并且害怕爸爸妈妈再也不爱自己了。

没错，父母为孩子付出了很多，孩子也看得见；但是，父母也有责骂孩子的时候啊。如果你从来不对孩子表达你爱他的心意，他真的会搞不明白你到底爱不爱他，是真爱他，还是假爱他。

难道一句“孩子，我爱你”就能解除他的担忧吗？父母往往对这句话的作用表示怀疑。不用怀疑了。对于一个年幼无知的孩子来说，父母的话往往是最可信的。何况，当一个母亲真的对孩子说这种话的时候，她的内心也确实充满了爱子的柔情。就跟婴儿听到母亲的声音就安静下来一样，孩子听到父母爱的表达，会全身放松下来，并且心情愉悦。

还有些父母平时面对孩子是比较严肃的，你不能说他们就不爱孩子。他们有可能比别的父母更爱孩子，只是不喜欢跟孩子嘻嘻哈哈，总觉得应该保持家长的威严。这样的父母，除了让孩子觉得畏惧，还给了他一种错觉：你们根本不爱他。

所以对孩子说句“妈妈（爸爸）非常爱你”，会让他感到温暖，感到心安。

有人说，爱是这个世界上最美的语言。它的美就在于，它让人感到一种精神的安慰与依靠。人都是害怕孤独的，只有爱，才让我们觉得身边有人在陪伴，才让我们感到温暖和安全。孩子的心单纯无瑕，他更需要来自于他人尤其是父母的关爱。

对于年幼的孩子来说，爱给他的是安全感和满足感，让他感到自信。你真诚地告诉孩子，他是最可爱

的，是你最喜欢的孩子，你特别爱他，因为他是你的孩子。为了不让父母失望，他会努力去做一个更优秀的孩子。

经常对孩子说“我很爱你”的父母会知道，当对孩子说这句话的时候，孩子总是会回应一句：“妈妈，我也爱你！”也许孩子并不能完全理解爱的含义，但他肯定懂得，这是一种很美好的情感，是喜欢一个人的表示。这句话在他心中扎下了根，也能让他懂得回赠别人以爱。

温馨提示

爱心培养还需要移情训练，可以经常让孩子把自己痛苦状态时的感受与别人在同样情境下的体验加以对比，体会别人的心情，这样能让孩子学会理解别人，学会移情。一个心中充满了爱的孩子，将来定会有丰富美好的心灵和自信宽广的人生。

△说亲切的话 主动和孩子交流

一个家庭就是一个小集体。一家人生活在一起，如果不经常地沟通和交流，就会渐渐疏远和隔膜起来，进而产生矛盾。尤其是父母和子女之间，这样的交流是非常必要的。一般来说，在孩子比较小的时候，他是喜欢和父母在一起，喜欢把自己的想法告诉父母。可是一旦孩子有了较强的自我意识，个人的世界逐步成型，他就不再事无巨细地跟父母说了。这也就是父母和孩子产生“代沟”的时期。

在这样的情况下，父母最好主动找孩子说话。如果你看到孩子一个人闷闷不乐地坐着看电视，或者一回家就待在自己的房间里，你可以主动跟他说："要是你有空，跟我说说话吧。"或者说："一个人待着多没意思，跟妈妈说说话。"如果孩子默许了，你就试着找些他感兴趣的话题来谈，他聊着聊着，也许就眉飞色舞起来。只要话匣子打开了，他很可能就会向你敞开心扉。

其实，孩子也并不希望和父母有隔阂与矛盾。很多时候是因为父母不了解他们，而他们对父母产生了恐惧感和厌倦感。如果父母能够主动消除这些感觉，孩子是非常愿意以真心回应的。毕竟，谁不希望和自己的父母和睦快乐相处呢？孩子内心的许多想法，实际是非常愿意告诉父母的。当然，这个前提是父母能够像一个朋友一样理解他。他之所以不说，是害怕父母听了不高兴，把他一顿数落。

【专家评析】

家长有意识地要求孩子"跟我说说话，谈谈你的想法。"主动一点，给予诱导，就相当于给了孩子一个表达自己想法的机会。让他的倾诉欲望得到满足，让他有机会发泄心中的不满，诉说内心的苦恼，这对孩子的心理健康也是很有好处的。

如果父母从不主动过问孩子，孩子如何能感受到父母的关心呢？他可能在想：爸爸妈妈对我在想什么不闻不问，他们一点也不关心我。时不时用轻松平和的语气邀请孩子跟你说说话，孩子便能常常感受到来自父母的关心。他知道父母有了解他的欲望和兴趣，就不会再和父母保持着距离了。时间久了，哪怕你不再说这样的话，他也知道，你的心也是向他敞开着的，只要他想说，你都会听他说。在这样的家庭氛围里，孩子能够生活得更快乐，成长得更健康。

主动找孩子交谈，也是你把自己的想法传达给孩子的好机会。教育孩子并非一定要正襟危坐，完全可以在轻松活泼的聊天中，把你对孩子的要求、期待，把应该注意的事项，不经意地告诉他。当你不再是家长式地教导时，孩子反而更容易认同和接受你的想法与观点。

温馨提示

这里需要注意的是，你要孩子和你“说说话”，一定不要强迫他。而是先征求他的意见，如果他实在不愿意说，比如心情实在不好，不想理任何人时，比如有其他要紧的事要做时，你都要表示理解，把机会留到下一次。强迫带来的只是孩子更大的反感。老爸今天也尝到了被人冤枉的滋味。

△说慈爱的话 鼓励孩子与人交往

你会发现，多子女的家庭里，孩子们虽然难免吵架，但是都很快活。而独生子女家庭里的孩子往往最羡慕别人有兄弟姐妹，因为他也希望有人陪他玩。当一个孩子经常独处时，他会显得很无聊，很孤单。长期下去，就会变得沉默寡言，变得内向，也很可能患自闭症。

孩子最需要的是玩伴，而不是玩具。如果你给孩子买了玩具手枪，而只许他待在家里，相信孩子宁愿不要玩具手枪。没有人跟他一起玩，他没有机会展示他手枪的“威力”，没法获得乐趣，那又有什么意思呢？孩子怕的就是孤独，就是没人跟他玩。你给孩子买一堆的玩具，不如让他去交一个好朋友。玩具玩久了，会生厌。而跟一个好朋友在一起，会有无穷无尽的乐趣。每个人都不可能离群索居。也许有时向往安静，但是更多的时候是希望有个人陪伴着。这样才不会觉得孤独。孩子也是，他的世界本来就比大人的要窄，如果连朋友也没有了，他该是多么地孤独和无助。

【专家评析】

做父母的，应该通情达理，别把孩子老是关在家里。在孩子很小的时候，就应该带着他到处串门，让他认识别的孩子，与同龄人相互沟通。也可以与邻里各位家长取得共识，让孩子们多多来往，给他们一个宽松的玩耍空间。

孩子稍大一点的时候，给他时间出去玩。对孩子体贴地说：“去找你的朋友玩一会，别老闷在家里。”不要小看这么一句话，它也许会带给孩子莫大的惊喜和收获。一个有很多朋友的孩子，性格会变得开朗，而且比孤独的孩子更具有独立性。因为当大家在一起玩的时候，每个人都是平等的，不可以撒娇，也不可以任性，谁也不能迁就谁，没有人希望自己被嘲笑。你可以发现，一个在家里爱撒娇、惯会耍赖的孩子，和他的朋友们在一起的时候却极其谦让和勇敢。

帮助孩子交朋友，有的家长会发出这样的疑问：“怎么可以让孩子随便交朋友呢？交到坏朋友怎么办？”这也是他们平常限制孩子交朋友的理由。出于对孩子的关心和保护，担心孩子受伤害，因此而不让孩子交朋友，这是一种因噎废食的做法。把孩子关在家里，他就永远不受伤害了吗？做家长的，也不可能时时刻刻都在孩子身边。在你管不到的时候，他一样要和别的人打交道。除非你永远不让孩子出门，除非你每一分钟都跟在他身边，这可能吗？

有些母亲虽然允许孩子交朋友，但是规矩很多，而且过分干涉。孩子有了新朋友，就横竖打听，稍不称心，就不准孩子跟人家来往。孩子选择朋友，当然是依自己的标准和喜好，母亲怎么能把自己的标准强加给孩子呢？还有的家长限制不了孩子，就给他们脸色看。当孩子带着小朋友到家里来玩的时候，就显出非常不耐烦的样子，甚至当着别人的面，朝孩子发火，说些不中听的话。这么做不仅会使你的孩子从此失去一个好朋友，而且也深深伤害了孩子的自尊心。连交朋友的自由都没有，孩子在伙伴面前是会很没面子的。

聪明的母亲，不是不许孩子交朋友，而是帮助孩子交朋友。如果你担心孩子交朋友受到不良影响，事先可以提醒他，在外面交朋友，应该注意些什么，告诉他什么样的朋友才是真正的朋友。母亲只作善意的提醒和建议，而不加以干涉。平常也可以引导孩子谈谈他的朋友，这也是侧面了解他交友情况的一种方式。比如聊天的时候，你给孩子讲自己的朋友，孩子也许就来了兴致，跟你讲他的生活圈子。了解的情况中，好的现象予以鼓

励和支持，不好的现象给以提醒和建议。

有一点，母亲需要明白，朋友之间应该是能互相帮助、取长补短的。如果你的孩子沉默内向，你可以让他和性格开朗、外向一点的孩子玩；如果孩子在家里比较娇惯，就建议他跟独立性强一点的孩子玩；如果孩子很胆小，就多让他和大胆勇敢的孩子在一起。有很多的快乐，是家长不能给予孩子的；有很多的东西，也是只有朋友才可以给孩子的。

温馨提示

父母将点点滴滴的爱心倾注在每一个孩子身上，他们时刻用乐观的情绪、柔和的表情、适度的动作、温柔的语言与每个孩子进行情感接触和交流，对每个幼儿都充满信心，因而使孩子在家庭爱的摇篮中长大，也懂得了去关心和爱护周围的人。

△说道歉的话 让孩子对你信任和尊重

“刚才的事是妈妈不对，妈妈向你道歉。”

“爸爸误会你了，真对不起！”

“什么？让我们做父母的向孩子道歉？那置家长的威严于何处？”也许看到这两句话，家长们会感到无法接受。的确，向来我们就没有长辈向晚辈道歉的传统。在孩子面前，父母总有不可侵犯的威严。可是这种传统未必就真的那么理直气壮。

孩子犯了错，家长要求他说对不起，为什么父母错了，就不能向孩子说对不起呢？这对孩子来说太不公平了！

【专家评析】

说起来，根本就是做父母的那种高高在上的心理在作祟，把自己的面子看得比教育孩子更重要，拉不下脸来跟孩子说对不起。“做错了事要道歉”，小孩子经常这样被大人教导着。为什么家长就不能向孩子说声“对不起”呢？

何况，向孩子道歉，并不是什么丢脸的事。在孩子面前，父母并不需要做个十全十美的人，事实上也不可能有十全十美的人。犯了错立即道歉，这是一个人有良好教养的体现。在孩子眼里，勇于说“对不起”的父母是亲近的，他只会更加信任和尊重他们。

反而是那些有了错还拼命掩饰的父母，会令孩子觉得反感。不要把孩子当傻瓜，是非对错，孩子心里明白得很。如果你想在孩子面前保持“威信”，那么最好不要这样不讲道理。你希望孩子怎么做，首先你自己就得那么做。

某天，你因为心情不好而责骂了孩子，事后觉得很后悔，但是又拿不下面子来道歉，并心存幻想：“孩子那么小，事情又过去几天了，也许他早就忘了吧。”这里可要奉劝你，最好不要把孩子当傻瓜。他也许一辈子都记得父母曾经怎样错怪了他，而且是那样蛮不讲理。你愿意留给孩子这样的记忆吗？特别是在错误非常明显的时候，你的掩饰、搪塞或者置之不理，会让孩子觉得你很虚伪。那么他今后还会信任和尊重你吗？

其实孩子的心非常宽容，父母错怪了他，只要说一句“对不起”，他还是一样敬重和爱着父母的。说一句“对不起”，该是一件多么简单的事，只要有一颗尊重孩子的心，甚至都不需要过多的解释。以平等的态度向孩子道歉，这是爱孩子的一种表现，相信孩子自己能体会得到。

温馨提示

做个光明磊落的父亲或母亲，不是非常好吗？如果你觉察到自己错了，那么就请及时向孩子说声“对不起”吧！

△说谦逊的话 放下架子向孩子学习

“你做得很好，妈妈应该向你学习！爸爸要向你学习呀！”

要做父母的放下架子向孩子学习，也许很多人都觉得难以接受。他们会问：小孩子懂多少东西？还要我们向他学习吗？这就是一个观念问题了。父母永远居高临下，以高高在上的角度来看待孩子，当然不会发现孩子有什么地方值得大人来学习了。

现在不是有很多人倡导父母要“蹲下来和孩子说话”吗？相信每一个做到这一点的家长都会有跟以前截然不同的想法。中国有句古话：三人行，必有我师。意思是说每个人都有可取之处，都有他独特的值得别人学习的地方。自然，孩子也不例外。父母之所以看不到，是他们首先在心理上就对孩子产生了轻视。

实际上，在很多时候，孩子的做法或者想法都足以让大人感到汗颜。比如，在公车上，孩子主动给老人让座，而旁边的家长却骂孩子蠢。比如，孩子有好吃的好玩的，会拿去和爷爷奶奶分享，而自己的母亲却未必做得到。难道在这些方面，大人不应该向孩子学习吗？

【专家评析】

我们要求父母蹲下来和孩子说话，向孩子学习，并不是说什么都要听孩子的，而是说应该随时随地发现孩子身上良好的品行和值得肯定的想法，同时纠正大人在生活中的一些偏失。孩子眼中的世界，比大人的要单纯得多，所以往往他们能够看到最本质的东西，能够真诚地去对人对物。大人要学习的，就是孩子的这些真纯，这些我们看起来似乎很幼稚的东西。

你对孩子说句“我应该向你学习才对”，孩子会觉得自己的行为或者想法受到了肯定，对他来说，这是一种莫大的鼓舞。连父母都说要向自己学习，他心里该是多么开心！因为他从这样的语言中看到了自身的意义和价值。这句话很适合用来对自卑的孩子说。在他老是看不到自己的长处的时候，你这么一句话说出来，他会突然醒悟：“哦，原来我也有值得学习的地方，我原来并没有自己想的那么没用！”如果他能明白这一点，那么恢复自信也就不是很困难的事了。

你说要向孩子学习，这不应该只是一句空洞的话，更要有具体的内容，不是随便说说。只有说具体明白了，孩子才能够知道什么样的行为是好的，什么样的行为是不该有的。这也是在以另一种方式教育你的孩子。比如，你特意给孩子炖了一些补品，而他却把这些都送给平时你照顾不周的奶奶。这时，不但不应批评他，还应表扬他做得好：“孩子，你做得很对，很尊敬老人。妈妈向你学习，以后好好照顾奶奶。”那么，孩子就能明白，尊敬老人是值得肯定的好行为，这种想法会一直留在他的心里。

温馨提示

向孩子学习 拜孩子为师，能使大人变得年轻，好像回到自己的年轻时代，激活自己学习新知识的兴趣。能够做父母的老师，让父母听自己的，这是多么神气的事情！孩子自然会从心里发出“我能行”的正信息，能使亲子间的感情增进。父母拜孩子为师，就自然会放下架子，与孩子平等相处；孩子受到大人的尊重，反过来会更尊重大人。这样，家庭气氛会变得更加和谐。

△说感谢的话 让孩子感受付出的快乐

在中国的大多数家庭里，并没有说“谢谢”的习惯。不光是家庭，就是朋友之间、亲戚之间，也总觉得道谢是很见外的事。大家都觉得，既然如此亲密，用得着那么客套吗？

没错，我们不习惯说“谢谢”，就是因为我们把它仅仅当作一种客套。尤其在家庭里，父母不会这么说，也不会教育孩子这么说。他们都把互相之间的给予当作理所当然。

做父母的，还有这么一种心理：“孩子是我抚养长大的，我给他吃，给他住，给他穿，供他上学，难道在家里让他帮我做点事，我还要对他说‘谢谢’？”照这个意思，父母养了孩子，那么孩子为父母做什么都是对父母的回报。那这跟交易有什么区别？

【专家评析】

人和人之间是需要互相体谅，互相存有感激之心的。哪怕是父母和孩子，也不例外。父母给予孩子生命和好的生活，抚养孩子成长，这是孩子应该感激他们的。即使父母不说，他的内心里也一定潜在着这种感情。那么，父母也要尊重孩子作为一个个体的人的所作所为。孩子帮了你的忙，做了一件令你开心的事，父母真诚地对子女说："谢谢你，孩子。""孩子，谢谢你送给妈妈礼物。"

这个时候，你是在无形中教育孩子要有一颗感激的心，要对别人的给予表示谢意。有一天，他一定会以同样深厚的感情，来回报你为他付出的一切。

该说"谢谢"的时候，就应该切实做到。比如你要孩子帮你拿鞋子、递东西，他的确是帮助了你，你当然得道谢，"帮我拿一下报纸，谢谢你，孩子！"这是最基本的礼仪。对孩子而言，这也是对他的努力的一种肯定。

父母的感激对他来说是莫大的支持和鼓励。他从中看到了自己的价值与作用，体会到了付出的快乐。这些对孩子的成长来说，都是非常重要的。

什么样的家庭才是幸福的家庭？当然是有爱的家庭。那么有爱的家庭又是什么样子？无疑，应该就是一个人人都充满了感激之情的家庭。可以想象，当一个人从另外一个人那里获得了应当的感谢之后，他的心情是愉快的、充实的，他会不自觉地对别人也给予应该的感激。一个家庭不正需要这种互相感激的氛围吗？孩子

帮了忙，你对他说声“谢谢”，不仅让他觉得很开心，而且也会让他产生“下次有机会再帮忙”的意愿。

父母经常对孩子说“谢谢”，孩子自然也明白感激父母。

也许有人会反驳：“心里知道就行了，干吗非要说出来？”可是许多事情，你不说，别人怎么知道你是怎么想的？的确，重要的是有一颗感激的心，但是惟有我们时时把这种感激当作习惯，才能培养出如此一颗心啊。

温馨提示

“谢谢”源于我们心中真诚而美好的爱，我们要把“谢谢”说出口，不是为着一种形式，而是需要把它当作我们生活的习惯，当作一种习以为常的东西。

△说感激的话 培养孩子感恩的心

吃晚饭时，波波碗里还留有10多个米粒，爷爷对孩子说：“我们吃进嘴里的每一粒米都来之不易，我们应该感激那些让我们有米吃的人。”“我们应该感谢工人叔叔才对。你看，正是他们每天辛苦劳动，我们才能住上美丽的房子呀。”

看到这些话，也许做父母的会有不同的想法。是啊，我们都是靠自己的双手，靠劳动来获取报酬，为什么要对别人心存感激？我自己挣钱养活我自己，难道还要对别人说谢谢？听起来，的确有道理。但是，事实真的那么简单吗？谁能说自己活在世上，不需要他人呢？我们时刻都不能脱离了他人而生存。哪怕你整天一个人待着，你住的房子，你吃的米，你穿的衣服，你用的家具

等等，哪一样不是由别人提供给你的？是的，你为使用这些东西而支付了报酬，但是，请想一想，假如它们不被制造出来，你即便有钱也买不来呀。

【专家评析】

父母和孩子都要有一颗感恩的心。每个人的生活都渗透了他人的劳动，这一点无庸置疑。而我们，正是要对这样的劳动表示出我们的感激与敬佩。当我们怀着一颗感恩的心生活在这个世界上的时候，我们的心底才会产生爱，才会对于我们享受到的一切予以尊重和珍惜，才能体会到幸福的来之不易，才会明白，之所以有好的生活，正是拜许多人所赐。没有爱的世界是可怕的。

无视他人，以自我为中心的人是可耻的。更重要的是，一个人心存感激，才会心中有爱，心中有爱，才会真诚地去关心别人。而社会的和平、美好，恰恰需要每个人都付出一点自己的爱心。父母必须把这样的思想传达给孩子。美好的品德是需要代代相传的。当然了，父母要求孩子如此，他们自己首先得有这样的认识。

如果你的孩子嘲笑那些灰头土脸的建筑工人，请你一定要对他说："孩子，我们应该感激他们才对。"在培养孩子的能力、兴趣等方面，家长很重视，也花了不少心思，品格的教育却成了一个缺口。这种无形的东西最重要，却往往被忽略了。

品格的教育一样很重要，一个人的人品与才能，都很重要，缺一不可。父母只注重孩子的才能，而忽视他的品格培养，将来孩子由着性子，乱用才能，那一定会闯出祸来。拥有爱心，是良好品格的一个方面。爱是很神奇的一种情感，它能够衍生出许多美好的事物和现象，能够让一个人感染另一个人。

温馨提示

感恩，是人性善之反映。让孩子从感恩父母开始，学会关心身边的人，关心周遭的世界，进而关心整个人类。当一个社会遍布着爱的时候，每个人都可以感受到无边的幸福与快乐。

四、平等地和孩子进行沟通交流

现代社会生活节奏加快，许多父母由于工作繁忙疏于和子女交流，而两代人之间价值观、个性等方面的差异，也容易形成心理隔阂，只有双方经常沟通交流，才能缩短心理距离，增加共同语言。因此，除一般的日常接触外，父母还应有目的地和孩子沟通交流，如在生活各个细节、安排家务劳动、重要事情的决定应该征求或采纳孩子的合理建议；还可选择好书好节目和孩子一起看，耐心听孩子说说幼儿园、学校的事情，帮助他们面对挫折克服困难，亲子共同出游培养生活情趣丰富精神生活，等等，使孩子时时意识到自己是家庭一员，乐意与父母沟通。

◎以平等态度与孩子沟通

父母与孩子的沟通和对孩子的管教是儿童进入社会的桥梁。儿童降生后的最初几年内，父母是孩子的第一任教师。理想的父母，不仅是孩子的褓姆，也是孩子的老师，更是孩子的朋友。学会与孩子的良好沟通可以把家长期望和爱抚充分的传递给孩子，并为孩子提供最适当的成长环境，最适宜的学习机会，以及最愉快的生活空间。

家庭生活中，沟通和管教应以充分的父爱母爱为前提，父母之爱对儿童身心健康发展比物质的满足更为重要。如果父母对其采取不关心、甚至有拒绝或粗暴地对儿童正常需求，就无法与孩子建立良好的沟通，对孩子的管教也必将失败。同时还将会阻碍幼儿安全感、自信心及良好情感和品德的发展，不利于幼儿的健康成长。

【专家评析】

所谓平等的态度与儿童沟通，就是要用儿童能听懂的语言与他们交流。还可以用非语言的方式与孩子交流，成人的微笑、点头、抚摸、搂抱、认真倾听的态度等，远比语言更容易表达对儿童的尊重、关心、爱护和肯定。

1. 注意时机 氛围和谐

与孩子交流感情的时候，最好是睡觉前，这是孩子心情最为平稳的时候。和谐的气氛永远是与孩子沟通的最好添加剂，要专心听他们的意见和看法，要理解他们的情感和需求。凡是关系融洽的家庭，亲子交谈时，语言都充满着爱心和亲切感，态度和蔼。

2. 平等对话 语言简明

聪明的父母与孩子谈话时，并不总是正面对着，而是并肩同行，朝着一个方向，这样谈起话来，显得轻松自然，很有人情味，孩子愿意听，也乐于接受。

在同孩子沟通的过程中，不要长篇大论。殊不知，正是父母的长篇大论堵住了孩子的耳朵和嘴巴，当孩子以为沟通就是听父母长时间说教，此时的沟通便失去了意义。

3. 不当裁判 当好顾问

孩子经常对父母的规劝表现出逆反心理，他们总觉得自己已经不需要大人管教，此时的孩子最需要一个顾问、一个参谋，帮他们出主意，教他们处理方法，指导他们学会依靠自己的智慧摆脱困境，做出正确的选择。父母应引导孩子分析所处的环境条件，衡量他的行动，帮助他解决困难，而不是完全包办代替。包办替代只会使孩子无练习解决问题的机会，无从运用心思，锻炼意志，品格也无长进了。

4. 气氛轻松 心境良好

孩子应有独立空间，家长应给孩子留点独立空间，让他们有良好、健康的心境，只有这时，他才会把心里的话掏给你。不要勉强孩子做他不能胜任的事。孩子的自信心，大半由做事成功而来，让他做太难的事，会挫伤自信心。让孩子充分地自由活动，只要他的行动没有越出常规，不要去干涉他，因为活动是一切学习之母。孩子越长大，越能料理自己事务，做父母的更不能事必躬亲。孩子品格的养成和体力的增进，均由自己练习而来。

5. 心平气和 良言劝导

好的意思要用好的语言表达才行，只有心平气和的言语才能达到良好的效果，“良言一句三春暖”就是这个道理。孩子的活动偶越常规时，宜以平和的言语劝阻；粗暴的强行阻止，反而不易收效。

温馨提示

“学会尊重，善于沟通”的目的在于优化家庭教育环境，使之更有利于儿童的健康成长。成人必须从我做起，放下自己的尊严，与孩子共同成长。

◎和孩子沟通当心步入误区

通过沟通，父母可以及时发现、了解孩子的心理问题，并以正确的方法给予引导，这对孩子的心身发育是有益的。可是有些父母能与孩子说得眉飞色舞、热火朝天；有些父母却很少与孩子讨论什么，即使能与孩子说上话，往往只是三言两语，孩子不耐烦，父母也没词了；有些父母觉得自己三天两头和孩子谈话，怎么孩子对自己总是敬而远之，永远像个陌生人。其原因就是父母在与孩子进行心理上沟通时，常常容易步入误区。

1. 只顾说教不注意倾听

许多父母和孩子交谈时，只顾自己“畅所欲言”，不注意听孩子说话，时间一长，孩子渴望交流的愿望便会被压抑住。

2. 喜欢使用强硬的措辞

许多父母总是难以忘记自己“教育者”的角色，以至于和孩子沟通时总是难以保持平静，常把“你要”、“你应该”、“你不能”等词语挂在嘴边，结果是谈得越多，就越可能说一些不该说的话。这样，孩子就渐渐失去了与父母交流的愿望。

3. 对孩子的行为不理解

许多父母总是不明白“孩子的观点往往与大人是不同的”这个道理，所以和孩子交谈时缺乏足够的耐心，往往还未听完孩子说的话就发火，或者把孩子对某事的态度或看法说成是小题大做。这样，得不到理解的孩子也就很难对父母的苦心加以理解。

4. 不注意选择沟通时机

许多父母不注意选择和孩子交谈的时机。例如,当孩子专注地做一件事的时候,父母就插进去打开话匣子;或者孩子刚受了批评,心情还未平静,父母就想"趁热打铁"去与孩子沟通等。这样的结果,只会导致孩子的抗拒和不满。

5. 漠视孩子的自尊

父母在某些问题上有自己的原则,并坚持自己的意见是对的。但这并非意味着要忽视孩子的意见。可许多父母在"关键"问题上总喜欢"封杀"孩子的意见,这就抑制了孩子与父母进行交流的欲望。

【专家评析】

可见,真正有效的沟通不能停留在表面,而必须是心与心的沟通。

父母与孩子进行心理上的沟通时,要学会倾听,营造聆听气氛。父母要设法让孩子觉得那样做是很自然的。假如孩子正为某事在气头上,要允许他发脾气,父母不妨先坐好,安静地等待孩子,安静地看着孩子,不去打断他的话,全神贯注地倾听,不左顾右盼,停下手边的工作。这等于告诉孩子:你是被我们在意的,我们在认真地听,在注意你所说的感觉或问题。无论孩子的意见如何,让他发表出来,父母只细心聆听,协助选择,而不插手干预,仅建议改弦更张。

孩子往往非常敏感父母在交流中的语调,因为它暗含着一种态度，它同谈话的内容同样重要，从接受者的角度看甚至还比内容更重要。

在心理沟通中“身体语言”不可忽视。专家研究认为：在所有的影响力中，语言占 7%，音调占 23%，表情及肢体动作各占 35%，可见其作为沟通工具的作用。例如，当孩子在外面与小朋友发生不愉快受了委屈时，父母要以同情和理解的态度对待孩子，适时地给予亲情慰藉。

父母用“平行交谈”的方式与孩子一面一起做些普通活动，一面交谈，重点放在活动上，而不是谈话的内容，双方也不必互相看着对方。这种非面对面的谈话方式会让父母和孩子都感到轻松自在。父母与孩子的谈话经常变换新鲜的话题，引起孩子的兴趣。

亲子对话的题材往往来自生活，父母可以带领孩子观察身边的各种事物，如一花一草一木，路上汽车的颜色、造型、品牌，街上行人的穿着打扮、说话内容，百货橱窗……都可以成为谈话的素材。

如孩子做事不周、欠恰当，父母不应指责、挖苦，应坐下来与他交谈，统一看法，只有这样才更加有利于与孩子进行心理上的沟通。切忌用“我警告你……”、“你最好赶快……”、“你真傻”、“你太让我失望了”等带有指挥、命令、警告、责备、拒绝等负面意义的语气说话。父母要正确对待孩子的缺点，帮助孩子改正错误，切忌伤害孩子的自尊心和自信心。

父母要尊重孩子、把孩子看成是和自己一样有人格的人。科学研究证明，只有尊重孩子，孩子才能有自尊心，而惟有自尊心才是孩子自我发展的强大动力。父母不要逼着孩子一定达到某种目标，而要让孩子有高尚的人格，度过能够充分发挥自已潜能的幸福快乐的一生。

温馨提示

给孩子多一点交流的空间，让他觉得你给了他决定的权利，你尊重他的某些看法或选择。沟通，从心开始，让沟通成为我们生活重要的一部分。相信您一定能够与孩子很好地交流！

◎对犯错孩子的批评要充分说理

孩子犯了错，不少父母常用“简单粗暴”来对待，甚至拳脚相加。其实这么体罚孩子，本身是对孩子不尊重，而对大人也是一种侮辱！而另一些父母呢，往往主张说服育，不主张体罚，只要孩子认错就行了，道理讲清就可以了。所以有些所谓聪明的孩子，马上就承认错误，父母就会当没事一样过去了，这样孩子就养成了耍滑的习性。孩子犯了错，要批评教育，切忌体罚；循循善诱，跟孩子充分讲道理，才是父母教育孩子的重要手段。

【专家评析】

跟孩子说理不仅需要有耐心，还应结合孩子的心理特征，选择恰当的方法和技巧。

1. 充分肯定孩子的长处

古语云：“数子十过，不如奖子一长。”跟孩子讲道理，应充分肯定孩子的长处，对孩子的进步给予及时表

扬和鼓励，在此基础上再对孩子的过错予以纠正，这样孩子就容易接受大人的意见。如果一味地数落孩子，责怪孩子这也不是那也不对，只会让孩子产生自卑心理和逆反心理。但也不要过分夸奖。孩子做事不错，略为表示赞许就可以了。过分夸奖容易养成沽名钓誉的心理。

2. 所讲的道理要“合理”

当孩子确实犯了错时，父母的态度、做法应一致，要给他讲清道理，分析错误所在，并以正确的行为和思想加以引导。跟孩子讲的道理应合情合理，不能信口胡说，也不能苛求孩子，因为大人信口胡说，孩子是不会服气的；大人的要求过分苛刻，孩子是办不到的，比如生活中有的父母自己喜欢吃零食，却对孩子大讲吃零食的坏处，如此，孩子是不会听从的。不要无端恫吓孩子，只有虚张声势的恫吓，没有确实有效的措施，以后一切告诫孩子当然不会遵从了。

3. 给孩子申辩的机会

跟孩子说理时，孩子可能会对自己的言行进行辩解，大人应给予孩子申辩的机会。应该明白，申辩并非强词夺理，而是让孩子把事情讲清楚讲明白，给孩子申辩的机会，孩子才会更加理解你所讲的道理，使教育收到良好的效果。不要对儿童太严厉，以免养成胆怯、畏惧心理和口是心非的性格。不管你给孩子讲什么，你都应该让孩子把话说完，如果还没听孩子的话就发脾气，事后应该给孩子赔不是。事实证明：给孩子说话的机会，是一种成功地育儿方法。

4. 要了解孩子的情绪

孩子和大人一样，情绪好时比较容易接受不同的意见，不高兴时则容易偏激，因而跟孩子讲理，要充分了解孩子的情绪状况，在其情绪较好时，对其进行教育，若在孩子情绪低落时跟他说理，是不会奏效的。

温馨提示

鲁迅说："'爸爸'和前辈的话，固然要听的，但也须说的有道理。"

孟子曰："以力服人者，非心服也，力不赡也；以德服人者，心悦而诚服也。"

教育孩子，晓之以理，动之以情，循循善诱，坚持不懈，特别要"以身作则"方可奏效。

◎回答孩子提问不能敷衍

当小宝贝离开妈妈的怀抱，开始迈出他人生的第一步的时候，往往也开始学说话了。有意思的是，在宝宝最先使用的"语言"中，就已有了代表探索和表示新奇的词。比如，他会指着任何对他说是新奇有趣的东西，急切地发出嗯嗯啊啊的声音，这声音就好比是不久后他将使用的，并且使用频率颇多的"这是什么?"是呵，在孩子的眼中，世界简直是太奇妙了，随时随地都会有"新大陆"被发现。他们的小脑袋中当然要充满一个又一个问号了。

【专家评析】

随着宝宝的成长，他们的提问将会更细，常常要刨根问底，不搞清楚誓不罢休。有时，孩子还会提出一些令人忍俊不禁、无法回答的问题。当孩子提出难以回答的问题时，家长不能不懂装懂，乱说一气，更不可用“去去去，就你事多，烦死了”之类的话压制孩子提问的积极性。对那些爱发问、好活动、喜探索的孩子，若能进行正确的引导，恰恰是创造性人才的雏苗。父母回答孩子的提问的方法有：

1. 立即作出回答

孩子注意力不持久，如果不马上回答，孩子或忘掉了刚刚问的问题，或兴趣降低，这些都会大大影响其智力的发展。因势利导地引导孩子的兴趣自然发展，这应该是父母在教育子女中的一项首要任务。发明蒸气机的瓦特，由于少年时期看见水壶盖被蒸气所吹动，于是对蒸气产生了兴趣，而不断研究，最后发明了蒸气机。

2. 根据孩子智能回答

父母如果从自己的角度，而非根据孩子的知识经验和接受能力来回答问题；孩子往往听不懂。因此，父母应尽量运用明白易懂的语言，以拟人、比喻、观察实物、实际操作及列举生活中实例的方式加以回答。孩子的智力有限，理解力有限，当然对于孩子的询问，不一定要解答得很详尽。但绝不可随便编个理由敷衍，更不可违背科学乱讲。有些问题一时实在无法回答，也应该耐心地讲清楚：“你好好用功读书，将来你自己就会了解的”。

3. 和孩子共同研究

如果父母若对有的问题确实答不出来，或遇到无法解答或难以系统而科学地回答的问题时，应实事求是地告诉孩子："妈不知道。"或"妈也不清楚，等看了书或请教别人问清楚了，再告诉你。"这样做并不是什么丢人的丑事。

父母可以和孩子一起找书研究，最好是翻翻书，与孩子一起寻找答案，要边看书边用孩子能够理解的词句向孩子解释。也可以鼓励孩子自己去寻找答案，这会使孩子从小养成查字典、看书的习惯，将来遇到疑难问题就知道如何自己去找答案了。

4. 对孩子作适当反问

为了鼓励孩子养成有问题先自己动脑筋思考的习惯，对孩子的问题可适当反问，反问时要启发、引导，问题的难度要适宜。在生活中，父母不仅要认真地回答孩子的提问，还要适当地启发提问，也可对孩子的问题进行深一步的发问，以引导孩子思考，使其掌握学习方法。当孩子在你的诱导下自己得出答案后，他会高兴得又叫又蹦，在欢快兴奋的同时，他也有了自信心，有了成就感。这自信心将伴他长大成人，伴他一生。

5. 帮助孩子学会解难

父母回答问题不要只就事论事，而要进一步教给孩子解决问题的方式方法。比如，孩子看到一块冰，放在屋里，一会儿没有了，便会产生疑问。我们不妨给他做一个小试验：从冰盒中取出一块冰，在炉上加温，一会儿，冰化成了水，告诉他，从冷到热，冰就化了。随着水温继续升高，一会儿水开了，让孩子看水蒸气，再过一会儿，一小块冰就蒸发干了，告诉孩子水变成蒸气飞跑了。孩子就会明白为什么了。

温馨提示

孩子好问，可以说是一种好事。更重要的，这样做可以从小教育孩子对科学和学习应该采取老实的态度：知之为知之，不知为不知。让孩子从小养成一种求实求是的精神。

◎培养孩子的倾听习惯

哲人苏格拉底说："上帝给我们两个耳朵，却只给我们一个嘴巴，意思是要我们多听少说。"社会学家兰金曾做过这方面的研究，并得出这样的结论：在人们日常的语言交往活动（听、说、读、写）中，听的时间占 45%，说的时间占 30%，读的时间占 16%，写的时间占 9%。这说明，听在人们交往中居于非常重要的地位。善于倾听他人意见，在人际交往中是非常重要的。

然而，我们在生活中发现，有相当一部分孩子的倾听能力较差，具体表现在：由于独生子女在家庭中的特殊地位，孩子的表达能力增强了许多，可是有些习惯却不好，如大人说话时常插嘴，不能认真仔细地听；有的孩子不会倾听；有的孩子不能耐心听完别人的讲话；有的孩子听不懂或者说不能明白别人在说什么；还有的孩子已经形成了不良的倾听习惯等。

【专家评析】

心理学研究表明，越是善于倾听他人意见的人，与他人关系就越融洽。因为倾听本身就是褒奖对方谈话的一种方式，你能耐心倾听对方的谈话，等于告诉对方“你是一个值得我倾听你讲话的人”。人们在谈话中，要使交谈的双方双向交流畅通无阻，就必须善于倾听他人的谈话。因此，善于倾听他人的心声是孩子必须具备的美德。对于孩子来说，良好的倾听习惯是发展其倾听能力的前提和基本条件。因此，必须培养孩子良好的倾听礼貌和习惯。应让孩子懂得在听故事、听别人讲话时，可以让他自然地坐着或站着，眼睛看着说话的人，并且不随便插嘴，尊重他人，安静地听他人把话说完。这要在日常生活中，从一点一滴做起，不断训练、强化，慢慢内化成习惯。

1. 多和孩子交谈

孩子最喜欢鹦鹉学舌。为吸引他安静地倾听，在和他说话的时候，尽可能做到语言生动，表情丰富。说话时放慢速度，使他能听清每个字的正确发音，特别是针对他难以发出的音或发不准确的音，例如平翘舌。还经常问他一些简单的问题，比如：“你在干什么？”“晚上吃了什么？”“今天在幼儿园过得高兴吗？”这些问题他不一定回答得完整，只要能听懂并能大概回答，让孩子有意识地倾听别人说话。

2. 构建语言环境

孩子特别喜欢看卡通片，有的还边看边问问题，这时父母可以让他来讲述，“你说呢？”他会用自己的语言来组织他看到的情景，虽然有时候句子会说颠倒，也许根本说的不是中心意思，但毕竟他在努力思考并表达出自己的想法。

3. 培养倾听习惯

当孩子注意力表现好时就及时夸奖他，这是对他良好倾听习惯的肯定，并使其再接再厉。让他知道，只有认真倾听才能掌握信息，对父母的问题给予正确的回答。

温馨提示

从小播种下良好习惯的种子，将会获得命运的收获，有良好倾听习惯的孩子将终身受益。播种一种行为，收获一种习惯；播种一种习惯，收获一种性格；播种一种性格，收获一种命运。

五、管教孩子应当做到以人为本

不少父母认为，既然是管教，就必须采取训导的方式，于是批评、指责、规劝整日不断。父母刻板、乏味、重复的说教模式，根本不给孩子思考和理解的时间，也不让孩子表达自己的意见。这种管教方式不但收不到正面的教育效果，还必然会带来一系列的消极后果。时间一长，孩子的逆反心理表现得越来越强烈，并可能在心理上形成这样的三步曲："不满——麻木——反抗"，虽然多数的反抗是以沉默的方式出现的。

父母应该明白，每一个人都希望别人尊敬自己，孩子在家中也必然有这种心情，父母只有尊重子女，以人为本，所说的话孩子才会听，管教才可能奏效。有时父母没把事情搞清，就训斥孩子，并以势压人不让孩子说话。其实，许多情况下，孩子往往没有错。父母在向孩子表达自己的意见和看法时，应当在平气的气氛中，以交谈的方式来进行。只有两代人感情上的沟通，才能达到管教的目的，才能实现把孩子培养成为有用之材的愿望。

◎训斥孩子的方法必须正确

训斥又叫叱责、责骂，确实是管教孩子的一种方法。

我国民间有句俗话："不骂，孩子就不晓得厉害。"但是怎样责骂却大有学问。因为简单、粗暴的叱责，不但不能使孩子心服，感受到父母对他们的关怀，反而易引起孩子的反抗。这种叛逆心理一旦形成，就会造成父母和子女间的隔阂和冲突。

世间由于父母一句过失的话，过火的责骂而使孩子感到绝望，甚或自杀，以及举刀杀死父母的事，亦时有所闻。

此外，在生活中我们也常常还会发现另一种情况，那就是大人责骂孩子时，孩子根本就不理会。他既不顶嘴也不反抗，但就是不听，你骂你的，他做他的，日积月累，结果孩子越变越坏。

如此种种，是不是说，父母就不要责骂或叱责孩子了呢？当然不是。因为孩子毕竟是孩子，他不懂事，难免闯祸做错事，需要大人的教导，也需要叱责。否则，孩子就会在错误的道路上越滑越远。

【专家评析】

美国著名儿童心理学家曾对父母的责骂是否对孩子成长有所影响进行过研究，他把父母责骂孩子的不良态度分为下列几种，并且举出了一些会使孩子变坏的责骂方式：

难听的字眼——蠢货、骗子、不中用的东西。

侮辱——你简直是个饭桶！垃圾！废物！

非难——叫你不要做，你还是要做，真是不可救药！

压制——不要强词夺理，我不会听你的狡辩！

强迫——我说不行就不行！

威胁——你再不学好，妈就不理你了！你就给我滚出去！

央求——我求你不要再这样做了，行吧？

贿赂——只要你听话，我就给你买一辆自行车。

挖苦——洗碗，你就打烂碗；真能干，将来还要成大事哩！

这种恶言恶语，强迫、威胁，甚至挖苦，都是一个年轻母亲在气急了的时候，恨铁不成钢的情况下，训斥子女时常采用的方法。但是，他们通常也是最不能为孩子，尤其是有些反抗性或自尊心强的孩子所接受的。他们不但不能把孩子教好，反而只会把事情弄僵，在不知不觉中给予孩子不良的影响。

恐怕每个当父母的都训斥过孩子，而每个孩子也很少没受过父母训斥。能不能训斥孩子，这是个值得探讨的理论问题；至于怎样的训斥最有效，则是每个父母都想知道，也应该知道的实际问题。训斥孩子可以归纳出三条原则：

首先，要肯定孩子们的人格。作父母的一般常认为孩子小，尚未成人，谈不上什么人格。这是极端错误的。孩子是有其自身的人格和自尊心的。只有承认且尊重他的人格时，叱责和责备才会为孩子所接受。否则，孩子不会乖乖地听父母的话。

其次，必须让孩子明白自己为什么挨骂，错在哪里？如果孩子明白了自己的错误，而且有所醒悟，就可不必

再追究。因为父母斥责的目的也就是要让孩子知道、认识自己的过失。否则一味地责备只会伤害孩子的自尊心，而引起相反的效果。

此外，告诫孩子不要重犯。与此同时，父母还可以把自己的想法和正确的做法告诉孩子，由孩子自己决定一些原则，具体的做法还可因人、因地而异。

父母训斥孩子的做法可以是：

1. 做危险事狠加训斥

年幼的孩子不懂事，又充满着好奇心，常会干一些会危及生命的蠢事。如去拧煤气开关、碰电源插头、将手指伸进飞旋的电扇内、在马路上乱跑、玩剪子、玩火，等等。逢到这种情况，必须严加训斥，必要时可以打那不知好歹的手，使孩子牢牢记住以后不能再做这种危险的事。对年龄大一点的儿童可以作些简单明了的解释。

2. 做了坏事立时训斥

孩子做了不该做的事，父母一旦发现，应当场训斥，这对年幼的他尤为必要。不要隔半天一天再加训斥，孩子可能已将事情淡忘，弄不清为什么训斥他。

3. 不要记账累积训斥

有的父母在训斥孩子时喜欢算长长一串账，把大大小小、搭界不搭界的事全拉在一起算总账。这样的训斥往往喧宾夺主，淡化了应该教育训斥的事情。

4. 避免不一致的训斥

有的父母对训斥孩子看法很不一致。中国民间“一个扮红脸，一个扮白脸”，也即一个扮打孩子的角色，另

一个扮护孩子的角色的做法，其实是一种人为制造矛盾的教育，于孩子不利。

5. 类似情节都加训斥

该训斥的事情不管发生在什么场合，都应该训斥。绝不能在有的情况下认为是错的，该训斥；而在另一种情况下虽然也知道是错的，却不加训斥，有时竟然做法相反。如孩子把玩具撒得满地都是，父母情绪好时不批评他，还夸他聪明，或与他一起玩；但父母情绪不好时就训斥，弄得孩子莫名其妙。

6. 做到有节制地训斥

有的父母对孩子的训斥简直成了家常便饭，动辄就训斥，想到了就训斥，甚至一件事没完没了地训斥。这种做法不仅会使孩子对训斥感到疲沓，还可能出现反感情绪。明智的做法是训斥直截了当、明确利索，绝不要无休止地唠叨。

7. 头脑冷静理智地训斥

训戒孩子时，应力持冷静沉着，切忌情绪冲动，尤忌借训斥以泄愤。有的父母看到孩子淘气，说不了两句话，就头脑热起来，大喊大叫，感情十分冲动。这时的训斥不是说粗话脏话，就是动手打，其实训斥只是教育的一种手段，让孩子分辨是非，认识错误才是目的。借孩子的错误来发泄个人的不满更不足取。

8. 不要饭前、睡前训斥

年幼的孩子有两个时间逃离不了父母的惩罚。一是吃饭时，一是睡觉时。一般双职工也只有在这两个时间才能与孩子在一起。这两个时间对孩子来说原本是最开心的时间。父母把这种时间作为训斥孩子的好时机，于孩子的身心发展极为不利。据研究，经常在饭前、睡觉前受惩罚的孩子，一般食欲不振，睡眠不良，总是每天带着恐慌和不安来到饭桌和床边。

9. 充满着爱意地训斥

决定训斥是否有成效的关键是亲子之间的感情联结。父母对孩子的怨恨常常会有意、无意地表现在对孩子的行为上，而孩子，即使很年幼的孩子，也能凭本能感觉到。有感情基础的孩子，听了父母的训斥会感到内疚、惭愧，乖乖地改正错误；缺乏感情基础的孩子，只要一听到父母训斥，即使这种训斥本身是合乎情理的，也常常会起到相反的作用。不要当众批评或嘲笑孩子，以免给他造成怀恨或害羞心理。

10. 在肯定基础上训斥

前苏联心理学家雅科布松有个实验。如果一个孩子分玩具，给自己分得最多。一种方式是让孩子自己对照标准批评自己，另一种方式是别的孩子批评他，第三种方式是肯定他是个好孩子，只是要他自己说出这一件事没做对。结果第三种方式取得的效果最好。父母在训斥孩子时也应注意不能全盘否定孩子，应首先让他感到自己还是个好孩子，改掉这一错误行为就会更好。

11. 变换用词艺术训斥

有些孩子被骂惯了，一点儿也不听，这也与你训话的句子少变、枯燥有关，他听厌了，有时还会学你的词句反笑你。故应该多变换，比如要他早睡，不要老说“不睡我打你”之类，不妨多样化一点，如说：“你看现在几点了”，“明天有好吃的”……幼儿园老师就懂得用语艺术，不妨请教。

12. 先蹲下来再作训斥

有的孩子，被父母责骂，养成不听从甚至反抗的习惯。通常是：你站着，疾言厉色地讲他、骂他，而他则站在另一边，抬起头来看你的脸，听你在骂他，或者他玩他的，不当你一回事。这时候父母见他无动于衷，有时会被激怒了。这其中就有一种反抗心理在作祟。一方面，孩子已习惯你这样事无大小，出口必骂；另一方面，他不满意你这样“居高临下”，不平等地和他说话。他干脆敷衍你，或者是大哭一场，或者只当作耳边风。这时候，你就应该改变态度了。首先，你得蹲下来，然后向他招手，唤他过来，走到你跟前。这种郑重其事的姿势，把你的头部“摆”得和他的一样高，具有“平等”的意味，当你教训他时，他差不多是句句入耳。

温馨提示

父母管教的方式在不知不觉中影响孩子的发育与成长。过多的或不当的叱责，严厉的管束，不仅会束缚孩子的主动精神，也会扼杀他的独立性和创造性，并给他的心灵造成严重的创伤与依赖性。

◎ 餐桌上应避免训斥孩子

父母与孩子一起吃饭，怎样营造出轻松愉快的餐桌氛围，并不是一件简单的事情。每天餐桌上虽然只有短短的几十分钟，但它对于孩子的健康和幸福感有着重要的影响。孩子吸收的不仅仅是食物，同时也感受着父母的观念和态度。对于孩子吃饭当中出现的各种问题，父母如果处理不当，不但会不利于孩子的身体健康，同时也会给孩子的心理留下阴影，有损于孩子的性格塑造。

1. 避免恐吓与辱骂

当孩子不愿吃饭的时候，有些父母心情急躁，大声呵斥孩子："你再不吃，看我怎么收拾你。"等等。像这样的恐吓以及辱骂，会让孩子感到十分紧张，从而更加抑制食欲，孩子勉强吃完，也会因为心情不好而影响消化。若是经常如此，则会损害孩子的健康，有些人甚至因为童年时被强迫吃某种食物，成年后对它产生不适反应。

孩子的胃容量比较小，与成人相比，适宜少食多餐，父母应控制好孩子吃点心与吃正餐的时间间隔，让孩子按规律进食，易于形成习惯。孩子不愿吃饭，原因有多种，可能是另外吃过零食了，也可能是玩得过于兴奋了，如果只是偶尔发生，父母最好予以宽容，并且对他说明错处。习惯不等于机械，有弹性的生活才更符合人的本性。如果是经常发生，则需要从根本上调整孩子的生活规律，而不能简单斥责了事。

2. 不搞忆苦与"上纲"

大多数孩子都有或轻或重的偏食现象。当孩子不愿吃某种食物时，有些父母往往喜欢"忆苦"，如："你连玉米也不吃，你爷爷那时候，连玉米杆子都要煮着吃呢，真是不知福。”或者是“你这不吃那不吃，你看看边远农村、灾区的孩子什么好吃的都没有，该让你到那里去饿一下才知道。”这样的“忆苦”教育，尤其被一些年纪大的祖辈所常用，但是，对于没有切身体会的孩子来说，他们不会为这种说辞所打动，只会增强内心的叛逆和抵触。

3. 避免包办与呵斥

孩子的好奇心很重，模仿的欲望也很强，餐桌也是孩子学习的场所。如桌上有虾，父母给孩子剥虾，孩子要自己剥。这种情况下，有的父母就会呵斥孩子不听话，并打击孩子说“你剥得到处都是，壳也剥不干净”，坚决不给孩子“淘气”的机会，把虾剥得干干净净放到孩子嘴里。

4. 不要质询与说教

餐桌上，一家人聚在一起，有的父母就认为，这是教育孩子的好时机，便对孩子询问这、询问那；或对孩子的某些行为循循教诲；有的甚至每逢吃饭就对孩子说上一篇大道理。有的父母则因为工作忙，与孩子在一起时间少，也把餐桌当作教导孩子的主要场所。这样对孩子的发育是不利的。

【专家评析】

孩子与成人一样，都希望吃饭是在轻松的氛围中进行。人在进食时，消化系统血液循环增强，而脑部的血流量则减弱，这时候，如果人为地激化脑部思维运动，脑部的血流量则激增，而消化系统必然受影响，所以，如果经常在用餐时精神紧张，则容易消化不良甚至患上疾病。从心理上来说，长期的餐桌说教会令孩子失去吃饭的乐趣，从而对吃饭感到排斥。生活质量将会大打折扣。

当然，孩子的自控力比较差，吃饭还是需要父母的引导。对于孩子的偏食，程度不重的可以顺其自然。父母鼓励孩子吃不喜欢吃的食物时，最好不要强迫。可以变换食物的做法，改变其食物的形、色、香、味；也可以让孩子与其他的小朋友一起吃饭，孩子看到自己不喜欢吃的食物被别人吃得津津有味，也会被带动起来的。

在餐桌上切记一切包办的做法，因为那样既不利于孩子动手能力的养成，也不利于孩子心理的成长。譬如，对于孩子来说，剥虾的乐趣远远大于吃虾的乐趣，可以体验到成功的喜悦，也可以吸收到失败的经验。当孩子做得不熟练的时候，父母应该多鼓励他做，并给予示范。有些父母一边剥夺孩子动手的机会，一边指责孩子自理能力差，其实问题就出在自己身上。

在餐上让孩子偏吃某些食品是不科学的。孩子的先天体质并不一样，后天的饮食也各异，这就导致了孩子体内某些元素可能足量，而有些元素比较缺乏，这种缺乏的情况反映给神经中枢，就会促使孩子特别喜欢吃某种食物，以尽快补充体内这种元素。所以，孩子的口味不是偶然的，它是身体自然的需要。另外，孩子的食欲也是反应身体需要的一个信号，营养已经达到一个高度，还要他按营养不良的标准去用餐，也是一个违背自然规律的做法。

餐桌，不仅是进食的地方，更是感受亲情的地方，餐桌文化对孩子的价值观也会有潜移默化的渗透。餐桌，是奠基孩子幸福的一块基石，它对孩子身心发育的影响直至终身。作为父母，不仅要重视餐桌上的食物内容，也要重视餐桌上的温馨气氛。另外，有一些父母因为种种原因，长期不与孩子一同进餐，这对孩子的情商教育是一种缺失，这种情况宜尽量改善，给孩子多一些爱和安全感。

温馨提示

孩子吃饭是一个渐进学习的过程。父母不仅要重视培养孩子良好的用餐习惯，也要尊重孩子的习性和需求。在生活中，对孩子挑食、偏食、吃得少等情况，一些父母的做法比较简单，多采用强制方法，导致孩子对吃饭产生排斥心理。这就需要在餐桌上做一些科学的改进。

【小贴士】

英国家庭对孩子的餐桌教育

英国家庭素有“把餐桌当成课堂”的传统：从孩子上餐桌的第一天起，父母就开始对其进行了有形或无形的“进餐教育”了。目的是帮助孩子养成良好的用餐习惯，学会良好的进餐礼仪，具备种种值得称道的素质或性格。

1. 鼓励孩子自己进餐

孩子长到 1～1.5 周岁时，开始喜欢自己用汤匙喝汤吃菜。英国绝大多数父母认为，孩子想自己进食，标志着一种对“人格独立”的向往，完全应给予积极鼓励。

2. 杜绝偏食、挑食

英国人普遍认为，一个人偏食、挑食的坏习惯多是幼儿时期父母迁就造成的，因而他们特别重视幼儿期的偏食、挑食，如幼儿一个劲地只吃某种菜而对其他菜不屑一顾时，父母往往会把此菜收起来。他们还认定，餐桌上对孩子的迁就，不仅会影响孩子摄入全面、充分的营养，而且会使孩子养成任性、自私、难以自控等人见人厌的性格。

3. 学习用餐礼仪

英国孩子一般 2 岁时就开始系统学习用餐礼仪，4 岁时就学到用餐的所用礼仪了。让孩子帮忙做事。稍大一些（5 岁左右）的孩子都乐于做一些在餐前摆好餐具、餐后收拾餐具等力所能及的杂事。这一方面可以减轻父母的负担，另一方面也让孩子有一种参与感。

4. 重视环保教育

5～6 岁的孩子应知道哪些是经再生制造的“环保餐具”，哪些塑料袋可能成为污染环境的“永久垃圾”。外出郊游前，他们会在父母指导下自制饮料，尽量少买易拉罐等现成食品，并注意节约用水用电，因为他们懂得“滥用资源即意味着对环境保护的侵害。”

◎责备孩子必须讲究分寸

看着初通人世的孩子越来越淘气、越来越神气，做父母的，怜爱之情便会油然而生。但是，当孩子的淘气在不知不觉间越过了某种界限、甚至犯了"错误"的时候，身为父母，你就难免要责备或批评孩子。责备和批评孩子是父母的一个基本责任，但这并不意味着责备和批评可以滥用。谁都知道，有的批评使孩子心悦诚服，有的批评却招来孩子的敌意和愤怒。因此，批评或责备要有分寸，应该是具有建设性的。

幼儿期教育的基本原则是要培养孩子对父母的信赖感。如果孩子真的做了不该做的事，而妈妈也因为这件事情不愉快的话，就应该把这不愉快的心情传达给孩子，这样才能让孩子知道自己做错了事情。而孩子也能因此感受到："啊，原来妈妈不喜欢这样呀！"然后重复去体验那些感受，逐渐了解哪些行为是不能做的。

【专家评析】

责备和批评孩子是父母必须掌握的一门艺术。

1. 掌握分寸 注意建设性

5 岁的小波不小心把一杯牛奶打倒在饭桌上了。这时妈妈便忍不住责备说："你这么大了，连杯子都不知道该怎么拿！我说过多少遍了要你小心！"而爸爸则附和："没办法，他生来就是笨手笨脚的。你怎么说，他都改不了。"小波只不过是打倒了一杯 1 元钱不到的牛奶，就招来了这样的一堆刻薄言语，这对孩子自信心的伤害，是用再多的钱也难以弥补的。因此，在事情出了差错的时候，批评不应论及到品行，最好是就事论事。

与上例相反，采取建设性处理：5 岁的小军漫不经心，把妈妈刚给他倒好的牛奶打翻在了桌子上。这时，妈妈忍住怒火，镇静地对他说："牛奶打翻了，我去给你再倒一杯来，快拿抹布。"妈妈起身去拿了一块抹布递给儿子，然后再给他倒了一杯牛奶。惊慌的小军这才放下心，不相信地望着妈妈，呐呐地说："啊，妈，谢谢你。"在妈妈的帮助下，他擦干净了桌子。妈妈没有再补充修正的意见，也没有作无益的训诫。但是，小军在缄默中却对她充满了感激。对这样的父母来讲，虽爱物品，但更爱孩子。

2. 克制愤怒 不伤害孩子

责备和批评孩子的分寸之所以很难掌握，其中一个关键原因就是，做父母的既然要传递自己的情绪感受，在批评和责备孩子时就很难有不生气的。而生气到了一定的程度，也就成了愤怒。从儿童教育的角度来看，对孩子的过失行为表示"愤怒"显然是应该的，甚至它还是儿童教育过程中不可缺少的一课。但是，愤怒是一种代价颇高甚至危险的情感，要使它发得有价值，就不能只有付出而没有收获。也就是说，对父母而言，你可以对孩子发怒，但是要适度克制自己的愤怒，不能随情绪的波动而随意加重你的愤怒。你可以让孩子明白："我的忍耐是有限度的。"

一旦遇上必须对孩子发脾气的时候，父母应判明自己情感的强烈程度，以接近孩子的方式，既找到一条发泄的通道，又不至于造成伤害孩子的后果。

3. 分清对错 人事不混淆

要让孩子坦然地承认错误并承担责备和批评，关键的一点就是在孩子犯错误的时候，做父母的一定要把事情本身与做事情的人分开。这样，你的孩子就会知道自己做了一件不好的事，但这并不意味着自己是个不好的人。在批评孩子的同时告诉他“妈妈爱你”，这样做也能提醒你自己，批评孩子的目的是帮助他分清对错，而不是处罚他。如果能这样想，你也就更容易在孩子的错误面前保持冷静了。

当然在责备和管教孩子时，父母与孩子所建立起的至真至纯的情感联系，或许是任何技巧性的东西都无法媲美的。

◎处罚孩子必须有度

孩子犯了错，闯了祸，不要大声漫骂，而应设法教育，给以适当的处罚，让他知道错了，吸取教训，以求少犯。

1. 剥夺玩的权利或隔离反省

每个孩子都是喜欢玩的，所以，如果孩子的表现不佳，父母可以暂时剥夺孩子的权利，这样会令孩子有所警惕。

如果家中有一个以上的孩子，许多时候他们吵闹起来，便很难控制，此时，父母可以将吵闹的孩子带离现场，用隔离方式，让孩子渐渐冷静下来，反省一下。

2. 让他一旁坐着或转移注意力

当孩子在家里哭闹不安时，父母应尽可能避免大声斥责，更忌体罚。若孩子真的有错，妈妈应按下怒火，然后让他在一旁安静坐着，情绪平复下来再说。

如果孩子在生活上有不良的欲望时，妈妈可以用满足他正常欲望的方法来取代。譬如，孩子哭闹着要买玩具时，妈妈可以带孩子到公园游玩，以转移其注意力。

3. 和他讲道理或限制其活动

孩子年纪太小时，父母不可能和他讲道理，因为他不会明白。但对于较大的孩子，若做了错事，父母除了处罚他之外，也要和他说道理，让他知道错在哪里，才能够改过。

有些孩子在家中调皮捣蛋，喜欢爬高爬低，而家中又有很多危险的地方存在，此时，妈妈应该限制孩子的活动范围，一方面是处罚他的行为，另一方面也是在保护他的安全。

4. 让他面壁站立或暂离现场

有时，孩子真的做了些很过分的事，父母为了让他深刻地记得自己的错处，不妨叫他面壁站 2～3 分钟，让他自己思考一下，到底做错了什么事。但用这种方式时，时间不可过长，以免伤了孩子的自尊心。

有些孩子在家中一个人玩时，很容易会吵闹不安，或打扰其他人，这时父母可带孩子离开，陪他玩、讲故事给他听。切勿一开始便责打孩子，应先了解他吵闹的原因，或许孩子是因为父母不在身边，觉得没有安全感才

哭闹的。

5. 让他纸上涂鸦或做点家务

有些孩子，总喜欢在家中乱涂乱画，家中的墙、桌面，满是他的笔迹，令妈妈烦恼不已。因此，父母不妨预备纸笔，叫孩子画在上面，久而久之，他自然知道，要画画时，便要画在纸上面。

【专家评析】

对孩子来说，在他犯了错误之后，以取消曾经对他的许诺作为惩罚手段，会使孩子很敏感，越是非常想做的事情不能做，越能加深孩子对所犯错误的印象，进而自觉避免类似的错误再次发生。采用这种惩罚办法的关键，是父母要有清醒的头脑和坚定不移的态度。罚要罚到点子上，不要让孩子觉得无关痛痒；既然采取了这种方法，就要坚持到底，不能半途而废，否则反而让孩子认为父母好对付，降低父母在孩子心中的威信。更重要的是不利于孩子认识错误。

“用自然后果惩罚”，通俗地说，就是“自作自受”。这种惩罚方式是 18 世纪法国教育家卢梭最先提出来的。他主张孩子犯了错误，不给予人为的惩罚，而是让孩子在错误所造成的直接后果中去自己体验不快或痛苦，从而迫使其改正错误。他举例说：“孩子打破了他所用的东西，不要急于添补，要让他自己感受到需要它们。比如他打破了自己房间里的玻璃，让风日夜吹向他，也不怕他因此而伤风，即使是伤风也比漫不经心要好些。”

让孩子从不良的自然后果中受到惩罚的同时，也要

辅以适当的说服教育，帮助孩子认识错误的危害性。作为父母，对孩子使用惩罚要讲究策略，力求取得良好的教育效果。建议：

1. 惩罚不要过于频繁

对犯了错误的孩子来说，采取诸如上述各种惩罚办法，只是教育孩子的手段之一，而不是惟一的手段。平时要尽量少用惩罚，仍以说服教育为主。如果动不动就惩罚孩子，会使孩子习以为常，就像长期服用一种药物，会使人产生抗药性一样，惩罚的作用也就丧失了。尤其是这种方式用得多了，会伤害孩子的自尊心。经常处于自责、压抑的状态，还容易形成冷漠、孤僻的性格。

2. 惩罚要保持一致性

这种一致性包括几个含义，比如父亲惩罚孩子的方法，母亲不要当着孩子的面否定。如果孩子有了母亲的同情，会使惩罚不具任何效力；孩子的同一个错误，不要父亲惩罚过了，母亲再去惩罚，最好是父母商量好了而采取一致的意见；如果孩子再次犯同样的错误，惩罚应当比上一次更严重，而不可因为当时自己的心情好或是其他的原因轻易放过。如果该罚时不罚，孩子会产生得过且过的心理，或者专看父母的脸色行事，而不会悔过自新。

3. 尊重孩子的人格

必须记住，在选择每一种惩罚方法时，始终应使之建立在尊重孩子人格的基础之上，以惩罚唤起孩子的良知，启发孩子的自觉性。所以，体罚是应当尽量避免的，也不要当众惩罚孩子，这样都有可能使得孩子产生对抗心理，跟您对着干，反而让我们做父母的下不了台。

4. 别跟孩子“算总账”

孩子有了过错要及时纠正，辅以必要的惩罚能使孩子把过错和愧疚联系起来，加深对过错的记忆和认识。如果平时不管，时间长了孩子必然会把所犯的错误淡忘了。犯了大错之后，老账新账一起算，会使孩子觉得冤枉，大大削弱惩罚的教育效果。

5. 不要以劳动惩罚孩子

有的父母把让孩子执行某项劳动任务作为对孩子的惩罚，比如孩子在幼儿园犯了错，受到老师的批评，回家后母亲知道了，对孩子说：“今天罚你刷碗！”这样会使孩子对劳动产生反感，这也违背了让孩子热爱劳动这个教育的基本原则。因为我们的教育内容之一是让孩子热爱劳动，在劳动中感到快乐。而以劳动惩罚孩子恰恰起到相反的作用。

温馨提示

小树的成长离不开园艺师的精心修剪，因为园艺师为小树剪去了影响其健康生长的歪枝小叉。在孩子成长的过程中，父母就扮演着园艺师的角色，为孩子指出并帮助他及时改正错误，扶正他前进的道路。

◎管教任性的孩子要软硬兼施

一次，笔者无意中目睹到这样的场景：

“妈妈，给我巧克力！”玩得满头大汗的星星跑回家里，对妈妈说。

“下楼的时候不是刚吃过吗？再吃牙会坏的。”妈妈不同意。

“我就要，就要！”星星跺着脚嚷起来。

“闹！再闹你爸爸回来又该揍你了。”

妈妈虽这么说，还是从盒子里取了一块巧克力递给他。不料星星嫌少，把巧克力一摔，坐在地上大哭起来。

妈妈无奈地将整个糖盒送到他面前，星星这才破涕为笑，抓了一大把跑出去了。妈妈无可奈何地摇了摇头一唉，这孩子，总是这么任性。

【专家评析】

孩子任性、固执，首先与成人的溺爱放纵以及教育不一致有关。任性的孩子，长大了就可能发展为刚愎自用、钻牛角尖的人，很难与人和睦相处。家长自己必须清楚，也必须让孩子知道，人生活在社会中，是需要有所限制和约束的；只有具有自我约束的能力，才能适应社会。因此，应该在孩子小的时候就纠正他的任性与固执。

教育的目的就是要雕塑孩子的意志而不伤害他们的心灵。父母只有在加以管教的基础上才能建立孩子的自尊心，否则就无法完全建立他的自尊心，因为缺少

管教等于破坏孩子的自尊。对于孩子的任性行为，要纠正的是溺爱与放纵，纠正成人对他教育的不一致。纠正的方法应该是软硬兼施。

1. 转移注意力

在孩子表现出执拗时，父母可先采用转移的方法，分散孩子的注意力。比如，孩子玩水，你可以告诉他，天冷，玩水容易感冒，咱们出去打球好不好？小朋友都在外面玩呢。孩子可能就会高兴地放弃玩水的念头，而跟随大人去打球。

2. 暂时不理睬

转移的方法收效不好时，可以“暂时不去理他”。父母可视情况采用沉默和“禁闭”两种形式。沉默是父母对孩子提出的要求不予理睬，哪怕孩子滚到地上也当看不见；或当孩子闹得凶时，用神情制止。沉默具有一定的威慑力，孩子看闹了半天，引不起父母关注，一般就会偃旗息鼓。

3. 采用“冷处理”

假如沉默不起作用，就可以将门带上，让孩子独处一会儿。当然，屋里不能有危险品，也不要有孩子能玩的东西，以防惩戒作用被削弱。孩子在屋里哭闹，父母不要理他，孩子闹一会儿感到没趣，就不会再固执了。“禁闭”的时间不用长，但父母的态度必须坚决，这样才会有好效果。当然，在这之后，还是要跟孩子讲清为什么不能那么做及父母不同意的理由。

4. 赏与罚并用

当孩子任性胡闹之时，给孩子两种选择：一种是不再闹下去，将得到某种奖赏；一种是闹下去，会受到处罚。孩子在听清两种结果后，通常会放弃吵闹以获得奖赏。这时父母要抓住时机给孩子讲明道理，让他明白，正当的要求，父母会同意；不正当的要求，闹也是没用的。

其次，值得注意的是，有些时候孩子表现出的执拗行为，只是一种正常的情绪反应，是孩子有主见的表现，父母不可一味指责、惩戒。诸如：

1. 孩子的正当行为被忽视或粗暴干涉，孩子会表现得很固执。例如，孩子正玩得兴头上，父母不由分说，拽上就走，孩子就可能会哭闹着不愿离开。孩子也有自尊心，不尊重孩子自然会受到他的反抗。正确的做法是，父母可先告诉孩子需要做什么事了，让他有个心理准备；也可以把将要做的事与孩子的游戏联系起来。如，该睡觉了，带上正在玩的娃娃一起睡。

2. 孩子认定自己做的事是正确的时候，会执拗地“坚持真理”。比如，平日家中来了客人，孩子拿糖果招待，会受到赞扬，但如果忽然来了一位患糖尿病的客人，就会拒绝吃糖，孩子不理解，硬是让客人吃。这时，只要给孩子讲清原因，让孩子去拿些瓜子招待客人，孩子就会兴冲冲地当好小主人的。

3. 父母本来答应做而违约的时候，孩子也会表现得很固执。这就要求做父母的在答应孩子前，应该考虑

好可行性，不要糊弄孩子，也最好不要随便违约。实在做不到，要向他解释清楚，这也是对孩子守诺言、讲信用的一种教育。

温馨提示

没有任何单一或成套的管教方式适合所有孩子。每个孩子都是不同的个体，每个孩子也是独一无二的。父母应该了解自己的孩子的个性和情绪，采取合适的管教方法。

◎管教孩子注意防止走偏

管教好孩子一直是父母最关心的问题，也是父母一直在努力做的事情，但大多数父母仍然在管教孩子的问题上遇到了不少阻碍，甚至觉得孩子很难教。而孩子也觉得难以适从。

父母在管教子女和孩子沟通时，常常出现走偏而自己还不知道。

1. 表态失当 过分民主

适当表扬有利于孩子树立自信心，过分表扬，却适得其反，这样的孩子往往缺少自我意识，做一点小事都希望得到表扬，否则就不做；过分批评会伤害孩子的自尊心，父母只要指出错在哪里就可以了，以帮他吸取教训。

2. 大发雷霆 公开争吵

如孩子犯了错误，有的父母以为大发雷霆可震住孩子，如果把父母对孩子讲过的话录下音来，认真地听一听自己的声音，就会发现在很多情况下并不尊重孩子。有的父母在孩子面前公开争论奖罚方式，主张不一，使孩子感到不安全和不知所措。

3. 方式单一 过于温和

如孩子犯了错误，有的父母总是让孩子在墙角罚站；或者根据孩子的年龄和爱好限制他的某些活动，如看电视、玩游戏机或参加室外活动等。但有时候这些做法不会有多大作用。

4. 从不惩罚 滥用奖励

对于孩子的错误行为，不少父母除以教训的口气说教外，就是以哄人的口气、引诱的口气来赢得他的合作。孩子即使和父母合作也是被“引诱”而不是发自内心。孩子对他的错误行为毫无意识的话，他是不会记住去改正的。

父母有时为避免孩子的搅扰，往往拿金钱或物品作为交换条件，这无疑是奖励他搅扰，养成对父母进行要挟的坏习惯。“如果你不再往地上泼水，吃过饭我给你吃冰淇淋”。这种方法只能纵容他下次再犯。

5. 不会认错 不作道歉

父母总认为孩子是错的，用“你老是这样，从没做好过”这类话指责他。这样即便他错了，他也不认错，也不向别人道歉。而父母自己总是对的，有时自己说错了话，做错了事，从来不向孩子认错，从来不会对孩子说声：“对不起！”

【专家评析】

孩子犯了错，父母在管教时要防止从一个倾向走向另一个倾向。孩子缺乏经验和判断力，需要父母指导，对其过分民主，会把他宠坏，变得为所欲为。当然，孩子长大一些以后可以晓之以理。

孩子犯了错，父母如果不闻不问，时间长了，说不定有一天孩子会捅出什么娄子来。父母如果只是发脾气，就会使自己的威信降低。对于孩子的错误行为，父母必须要管。管教中，如果控制不住，可以先平静一下，再回来严肃地指出孩子的错误，效果更好。

另外在孩子面前，父母最好保持一致。如果有不同意见，要避开孩子进行讨论，不要让他感到只有一个人说了算，以免一方不在场时，另一方不起作用。

如果父母以平等的、像与朋友谈话的口气，来与孩子交谈，而不是对他训话，多数情况下是能顺利地进行思想沟通的。

孩子真的犯了错误，惩罚必不可少。如果用奖励的方法制止孩子的错误行为，实际上是贿赂孩子。可以考虑打屁股，或者像过去的教书先生那样打手板？打手板要有个程序，如果孩子错了，你首先要这样说，这件事你做错了，因为什么告诉他，只几句话，把道理说清就可以了。然后说，你犯错了，做为父母，我是有责任的，因为我没有教育好你，所以我先接受惩罚。如果这个错误，要打孩子五个手板，那么，先让孩子打你十个手板，然后你打孩子五个手板，这件事就结束。

父母可以提醒孩子，让他知道你相信他有能力做到，太多地指责只会使他感觉自己很无能。父母在孩子面前错了，不要忘记对孩子说：“对不起”。孩子与父母之间应互相尊重，这么做也可以教会孩子怎样道歉。

温馨提示

沟通和管教应以民主的家庭教育方式为基础，当孩子的好榜样，尊重孩子的独立人格，接纳并体会孩子的感受及想法。对待孩子必须公平、公正，坦诚开放。与孩子交流时鼓励孩子表达，并且倾听孩子的意见，坦诚信赖，言必有信。

◎管教要避免可怕的心罚

心理惩罚（心罚）又称“情感虐待”或“语言暴力”，是指那种在孩子教育过程中，有意或无意的、经常性或习惯性地发生的任何导致影响孩子心理健康并使其受到伤害的言行。心罚给孩子造成的伤害与体罚一样严重，甚至大于体罚所造成的伤害。许多研究表明：受心理惩罚的儿童更容易误入歧途，走向犯罪，诱发严重的社会问题。因此，以下主要心罚问题必须引起广大幼教老师和父母的重视。

1. 对孩子进行威胁恐吓

有些教师和父母对那些调皮、不听话或犯了错误的孩子，不进行正面耐心的教育，而是施以恐吓，使孩子缺乏安全感，由此产生强烈的不安。“再不听话，我们游戏时就不带你去”；“你又打人了，走，到某某班去”；“再哭，把你关到老鼠间去”；“再打人，叫警察叔叔抓你”；“看见没有，你们不听话，我也把你们送到别的班上去！”吓得孩子们一个个瞪大眼睛望着，大气也不敢出，生怕灾难落到自己头上。

2. 对孩子忽视、冷落和拒绝

教师和父母有意无意的忽视是一种对幼儿心灵的惩罚。常见于对能力较差、性格孤僻、少语幼儿的忽视，对顽皮捣蛋、行为好动幼儿的孤立等。同时，还表现对幼儿正当权利的剥夺，如教师为教学剥夺幼儿游戏的权利，为安全剥夺幼儿户外活动的权利，为所谓效果剥夺幼儿回答问题及表现的权利。

3. 对孩子犯错武断夸大

有些教师和父母在处理幼儿间的一些“状况”时，往往是运用她们头脑中已有的模式去武断的评判，因此同一件事情发生在不同的幼儿身上，处理方式常常是时褒时贬不尽相同，可谓“对人不对事”。如当幼儿来告诉老师说：“A和B打架了”时，若教师认为A是调皮爱惹事的，便毫不犹豫地把A叫来。有的教师在批评幼儿时，总爱带上“从来”、“每次”、“总是”、“没有一点”等夸大的字眼，如“从没有看你干过一件好事。”“你就不会像……”“怎么这样？”“怎么搞的？”“你每次画画都要老师帮忙，从没有自己独立完成一次。”“怎么干坏事总有你的份！”等等。

4. 对孩子的期望值过高

教师和父母不能以“平常心”来观察、了解幼儿，而是对幼儿怀着过高、过重的期待，过分严格的要求。表

现为对幼儿过度肯定“……最好”“一定要做第一”或对幼儿的行为总是不满意“……更好”“不错,但是……”。不管教师出于一己私利,还是帮助幼儿的目的,这都违背了幼儿的天性,易导致幼儿自负,经受不了挫折,或者使幼儿丧失自信,迷失自我。

【专家评析】

“心罚”是老师或父母采用讽刺、挖苦、孤立、冷落、揭短、当众出丑等手段,对孩子造成伤害。研究证明,缺乏老师和父母关爱、鼓励的幼儿,比起那种遭老师或父母体罚的幼儿,心灵所受到的创伤更深,智力和心理发展所受到的损伤更大,也就是说,这种做法会产生比体罚还要坏的后果。

1. 心罚伤害幼儿的心灵

幼儿尽管年幼,但却依然有着强烈的自尊,需要受人关注,被人赞许。教师和父母的忽视、冷漠使幼儿感受不到爱,教师的威胁、恐吓使幼儿没有安全感,教师的辱骂、贬低摧毁着幼儿敏感而脆弱的自尊。有些幼儿在教师和父母的辱骂、嘲讽下做鬼脸、笑,表现出无所谓的样子,实质上在掩饰自己受伤害的心灵。心罚使幼儿远离幸福与自尊,使幼儿体验不公平、焦虑、悲伤,导致幼儿自尊被打击,智慧被抹杀。从而丧失对学习和生活的兴趣和热情。

2. 心罚破坏幼儿的自信心

自信心是开启成功大门的钥匙,幼儿的自信心是建立在自尊、自爱的基础上的。幼儿在成长过程中,不断将外界对自己的评价转化为自我评价。教师对幼儿的赞许与肯定更是直接影响着幼儿积极的自我评价。如果长期接受别人对自己低水平、否定的评价，幼儿就不能正确地评价自己，会认为“我什么都不行”“别人都比我好”，“反正我已经这样了”，从而对自己失去信心。一旦自信心缺失，幼儿的行为会变得极端，要么倾向于攻击性，要么惧怕、退缩，甚至对自己能力也产生怀疑。

3. 心罚导致幼儿心理障碍

俗语说：“人之初，性本善。”未成年的幼儿对教师存在着崇拜、信赖和感情。他们渴望得到教师的关爱和认可。教师和父母对幼儿的心理惩罚会严重的影响到幼儿的心理健康，使幼儿情绪不稳定、紧张、焦虑、抑郁、自卑、人际敏感、发育不良、智力低下，甚至产生神经衰弱症、偏执、强迫症状，今后将很难适应社会。

4. 心罚引发幼儿的不良行为

心罚还是幼儿许多不良行为的根源，如撒谎、爱吵架、欺骗、偷窃及攻击性行为等。心理学研究证明，幼儿期是人的心理发展的关键时期，这时候对幼儿心理的伤害往往是不可逆转的，甚至会影响到幼儿一生的健康和幸福。

心罚对幼儿产生的不良后果，生活中应当让可怕的心罚远离孩子。具体方法有：

1. 改变传统观念

人与人交往之间的基础是相互尊重，人人平等，老师、父母与孩子之间最基本的关系还是人与人之间的关

系。这就要求老师、父母与孩子的关系必须建立在平等的基础上，孩子尊重老师和家长，老师和父母也必须尊重孩子。

2. 引入赏识教育

大多数的老师和父母教育的初衷是关爱孩子的成长。但我们必须注意，孩子正处在快速生长发育时期，此时性格、个性都在一个形成时期，较大的孩子的自我意识会特别突出，心理上对于外界的体验也会更加敏感。很多时候，老师和父母并不是有意地斥责孩子，或者说只是使用不当用语。因此，老师、父母与孩子坐下来共同商量，将孩子看作一个独立的个体，尊重孩子的感受，碰到问题先鼓励夸奖孩子，多用“太棒了”“你真聪明”之类的话语。

3.“以孩子为本”

必须树立“以孩子为本”的心育观念，把家庭变成孩子的快乐天堂，把幼儿园创设成孩子的快乐家园，把活动变成孩子发展个性的快乐舞台。尤其是家庭应是孩子学习和活动的平静港湾，父母应给孩子营造一个宽松愉悦的家庭环境，使孩子能有一个健康的心理进行学习。同时也要避免对孩子过分迁就或放任不管。

温馨提示

素质教育的第一条就是应当尊重孩子的人格，关注孩子的心灵，培养孩子的个性。没有尊严，没有个性也就没有了创造性和开拓精神，如果我们教育培养的是这样的孩子，我们民族还有什么希望？

老师、父母是孩子心灵的塑造师，但愿经过我们共同的努力，使心罚远远地离开孩子。

◎破除束缚孩子的残忍“魔咒”

在日常生活中，有些父母一旦发现自己的孩子有什么过失，如做事速度慢了点、没有达他们希望的标准、遭孩子顶撞等，往往情绪激动、操之过急，或训斥、打骂，或苦口婆心劳劳叨叨、喋喋不休地催促、说教……这就是被大人施加束缚孩子的魔咒。这种魔咒对孩子的成长不仅只有百害而无一利，使孩子容易紧张、讨好大人、退缩、自我贬抑、对自己没有信心、不快乐，甚至引起孩子的逆反心理，弄巧成拙。

在孩子的成长过程中，孩子可能被大人施加束缚的魔咒，诸如：

1. 强调速度魔咒

孩子因为幼稚，所以做起事来比较慢。但是父母会紧张地催促：“快吃”、“快写”、“快穿”……甚至大声斥喝或惩罚。孩子在被催赶的制约之下，学到紧张和焦虑，行为可能愈来愈慢，表现可能愈来愈不好。

2. 强求完美魔咒

孩子因为幼稚，所以做起事来比较不完美，但是父母会紧张的加以责备：“再用功一点”、“多加努力”、“怎么退步了”、“我们以你为荣”……父母不断以自己的标准要求孩子，孩子于是缺乏成就感、自信心、尊严，而且背负太多的责任。孩子会误以为是为父母学习的，他一切的努力只是为了不要让父母失望。

3.“不要长大”魔咒

由于父母不相信孩子的能力，于是处处替他们代劳；即使孩子已经上了大学，对许多生活琐事仍然不放心。“孩子，不管你几岁，在爸爸的心目中你永远是小孩子！”“你是妈妈的心肝宝贝！”暗示孩子不要长大。在许多情况，孩子可以自己做决定，而且想自己做决定，却不敢做决定。

【专家评析】

孩子被大人施加束缚的魔咒，不但让孩子觉得“很烦”，而且也是让父母感到很不知所措的难题。父母们应避免对孩子施加束缚的魔咒：

1. 不要事无巨细

孩子在成长的过程中会有许多事情需要大人操心的，但有些事情是无关紧要的，有些事情是睁一只眼闭一只眼就可以过去的，有些事情也许并没有成人想象的那么严重。父母在教育孩子时不要整天紧张兮兮的，可以让自己放松一点，对于孩子生活中的一些琐碎小事，应当学会放下来，应当学会把最主要的精力放在那些重要的事情上，应当学会照顾孩子的一些最核心的需求，比如孩子的人生态度、价值观、未来志向、学习习惯、学习方法等等。这样一来，不但父母自己轻松了许多，孩子也会自然与你更亲近，也会自然更听你的话。

2. 不要操之过急

一些父母有这样一种心理，自己说一句话希望孩子马上就言听计从，自己提出一个目标希望孩子一下子就能达到。可是我们不要忘了，孩子就是孩子，他的心智和能力并没有发展到那么成熟的地步，一些事情他可能还没有理解，一些事情他可能还不知道怎么去做，一些事情他可能还暂时无法做好，一些事情他可能还会常常出错。因此，做父母的必须要学会等待，要克制住自己的急躁情绪，要给孩子一定的时间去转变，要允许孩子有所反复。孩子不是一天就可以长大的，孩子的成长是需要一个过程的，而且这个过程不会因为有父母的唠叨就可以缩短时间。

3. 不要一味重复

父母如果想让孩子做什么事，应当先选择好恰当的时机，然后和孩子面对面坐下来，严肃认真地与孩子谈，为了引起孩子的注意。父母可以明白地告诉孩子，“你听好了，这话妈妈只说一遍！”在对孩子说的时候，一定要突出重点，挑选有分量的话讲一二遍就可以了，不要对孩子反反复复地唠叨个没完，如果你对孩子没有把握，可以再给他解释一下其中的要点。即使是在纠正孩子的错误时，父母也不要喋喋不休地数落和教训孩子，凡事点到为止。

4. 不翻孩子旧账

是孩子都会犯错，当孩子犯错误时，家长的一个不正确的方法就是喜欢翻孩子旧账，许多年前的陈芝麻烂谷子都会被拿来说事，于是便不由自主“字字血，声声泪”地对孩子口诛笔伐，什么时候孩子这件事情没有做好，什么时候孩子那件事情没有完成，大有把孩子的种种“恶行”全部数落一遍的气势，每次都是越说越激动，越激动越来气，越来气就会说的越多，说的越多也就越唠叨。

温馨提示

要求孩子按照我们理想的步调和速度成长，是自私的，不但不可能，也很残忍。破除孩子的魔咒，必须从调整我们这些不合理的期望做起。

◎多听听孩子的心里话

孩子和大人一样，不但需要理解，还需要倾听的对象。心理学家说，倾听也是理解方法之一。成长中的孩子，由于他们思想不成熟，常常会出现违背正常逻辑的思维，父母应该帮助他们，但一定要注意不能用喋喋不休的方式对他们讲话。否则，孩子听久了会产生逆反心理。难怪有些孩子说：“你们总说，让我们好好学习，将来当这个家那个家。那你们怎么没有当这个家那个家呢？”“你们当父母的是人，我们孩子也是人，凭什么总得听你们的，为什么不听听我们的？”

父母们由于工作忙，家务事多，更主要的是不理解孩子的心理，常常对孩子的述说表现出不耐烦，没有心思听孩子“啰嗦”。殊不知孩子也会有不顺心的事，也有感到委屈的时候。如果父母能倾听孩子的述说，并能正确地去疏导，让孩子认识自己的不足，明白自己应该怎样去做。这种做法对加速孩子的成熟是非常有帮助的。

【专家评析】

为人父母者知道孩子需要吃好、穿暖、玩玩具，可是除此之外，孩子们还需要什么呢？坐下来多听听孩子们的心里话就知道了，孩子们是这样说的：

1. 行为方面要放手

(1)不要求全责备

爸妈，我的手小，所以不要对我铺的床，做的事要求完美；我的腿短，所以请放慢脚步，我才跟得上你。无论做什么事，请不要要求我十全十美。

(2)不要包办代替

我才到这个世界不久，请不要过分限制我，让我摸索、探求。请爱护我，经常训练我对人的礼貌。指导我做应该做的事情，教育我靠什么生活。

(3)培养自主能力

请让我自己做决定，放手让我自己去实践，即使错了，也能从失误中学习，今后才能有出息。我不爱干的事，别硬逼我。否则您会失望，我也会非常难过。请让我自己慢慢的观察一切事物，并希望您不要过多的对我加以限制。

2. 语言方面要缓和

(1)适时进行沟通

家务永远是做不完的，妈妈，请您停下来，给我一点时间，回答我的问题。希望爸爸妈妈多抽出些时间和我沟通，我会把这样的父母当成知心朋友。在我学

习、生活不如意的时候，不应只是狠狠地责备，而是能考虑我的想法和感受，然后和我一起找出解决问题的办法。

(2)多给一些鼓励

我需要鼓励才能长大。不要随便骂我，请您记着，您可以批评我做的事，而不要伤害我的感情。

请对我的反应敏感一些，不要整天责骂不休。对待我应像对待您自己一样。

(3)不要过分指责

我的感情很脆弱，我跟大人一样，不喜欢被人唠唠叨叨。

对于一些小错误，希望爸爸妈妈不要一下子就火冒三丈，不停地数落我不用功、贪玩、没记性等，甚至动粗。

其实，在我心中已经知道自己错了，只是没有对您说而已。

有时我会做错事，请不要打骂我，告诉我什么是对，什么是错，给我时间让我思考。

3. 感情方面要融洽

(1)多给一些关爱

我是上帝赐给您的一份特别礼物，请珍惜我、尊重我、引导我，并用爱的方式管教我。

别老把我关在屋里，星期天您也带我出去见见世面。

(2)保留自由空间

请给我一些自由，让我自己决定事情，允许我不成功，让我从不成功中吸取教训，总有一天我会成功的。

(3) 和我一块快乐

请让我和您一起娱乐，小孩子需要从父母那里得到愉快，正像父母要从孩子那里得到快乐一样。

温馨提示

父母再忙，每天也应拿出点时间来，耐心地倾听孩子的心里话，这是一个理解孩子的好方法。

【他山之石】

美国的幼儿家庭教育

不溺爱孩子，不娇惯孩子，是父母大都明白的教子常理，但这个道理如何积极有效地去做到呢？在不同于东方教育方式的美国家庭中似乎可找到一个明智的答案。

在美国家庭中，父母一般都很爱孩子，很尊重孩子，但从幼儿开始就大胆放手让他们养成独立自主的生活能力。如：对不到周岁的孩子，就开始让他们自己抓饭吃（因不会用餐具，就用手抓），即使吃得满脸、满身，也要让他们自己吃。所以美国孩子一般到周岁时，已能自己吃得很像样了。孩子在蹒跚学步时，免不了要摔跤的。当孩子跌倒时，他们的父母亲不扶孩子而往往只是说一两句鼓励的话，然后等待孩子自己站起来。对睡觉，西方的孩子习惯从婴儿开始就自己睡，即使嚎淘大哭，引来了父母，得到的也只是一些安哄和宽慰，父母依然离去。等孩子长到五六岁，他们非常感兴趣做一种游戏式的睡觉，那就是几个小朋友自愿商定集中到一位小朋友家去睡觉。这些小朋友分别带好自己的睡袋、洗漱用品，集中到一位小朋友家，晚上可以尽情地玩，然后在同一间屋子的地毯上就寝。家长们要提供的只是他们玩和睡的空间，其他如睡前的洗漱和就寝就由小孩子们自主去完成。今天住你家，过几天去他家，孩子感到其乐无穷。

父母常常让孩子直接面对困难，让孩子经受锻炼。有一对美国夫妇有一个两岁半的儿子和一个五岁的女儿，两岁半儿子上厕所都由他自己处理，尽管大人事后要检查，但十分注意让孩子自己去做该做的一切。每到开饭时间，五岁的女儿就像主人一样，主动摆好一家人的餐具，然后端端正正，坐到自己的位置上，等待开饭。美国的习惯，不会自己吃饭的孩子，自立能力差的孩子，要被小朋友看不起。如果有人称他“妈妈的小宝贝”，孩子会感到羞耻。

吃饭、行走、睡觉，当孩子初临这人生几件事的时候，西方人随意而顽强地锻炼孩子自主、独立、坚强的性格，敢于让孩子面对困难。父母的鼓励和支持可以帮助孩子去学会战胜困难的本领，而不是直接为他解决困难。

他们的观念是：母亲的责任不是让孩子依附于她，而是使孩子独立于她。孩子到 18 岁时，都要离开家庭独立生活了。

在美国还有一个习惯：如果孩子想买一件自己心爱的东西，他们可以通过自己的劳动挣钱去买。他们或在家里帮父母剪草、浇花、打扫卫生、照顾弟妹、收拾餐具等等；或者去帮助别人送报纸（每天清晨骑上自行车挨家挨户送报纸）。每次做这些事都可以得到一些报酬：25 美分、50 美分……这样日积月累，孩子们养成了劳动的习惯，也有了自己的积蓄。一位美国家庭主妇认为这样做对教育孩子有益，因此也让孩子每天帮她倒垃圾，每次可得 25 美分。因为钱是他自己挣到的，花起来特别小心仔细，见到一件心爱的东西，他首先要考虑质量和价值是否值得买，或自己有个小计划，多久能挣够钱买到它。这样，在培养孩子自主、自立的同时，让他们对金钱、价值也有个正确的概念。

美国家庭（即使富有的家庭）也会教育孩子懂得节约，虽然他们定期会给孩子一些零花钱。他们常常让孩子自己动手去制作礼品或玩具，制作过程中既发挥了创造精神，又感到无穷乐趣，也节省了钱。有一个美国家庭，父亲是一位副教授，母亲是建筑设计师，生活较富有，一年一度的圣诞节，家里都要买圣诞树。而树上挂的各式各样彩灯和小玩具，却由妈妈和孩子们一起动手制作。他们用彩笔、棉花、旧布、小棍儿、胶水、针钱粘、贴、缝，做出各种小动物，挂满一树。孩子们特别高兴。其他如感恩节，孩子们装扮成卡通片中的各种人物，这些装束，也由母亲和孩子一起做，这不仅是节约，也培养了孩子的创造精神和手的灵巧。

于是，在培养孩子自主自立能力的同时，也帮助孩子把美好的梦想变成了现实。生活就是这样成功的。

◎宽松地和孩子相处

当前，一些家庭中两代人的关系搞得很紧张，父母们还大惑不解，我们真心实意地为了孩子，可怎么出现了这样的结果？其实，问题还是出在父母身上。

从心理成长的角度来说，三四岁幼儿就会出现“反抗期”。处于反抗期的孩子不喜欢有人吩咐他做某件事或被迫接受某种意见——哪怕这些意见和行为是正确的。有时孩子玩得正高兴的时候，父母突然打断并要求他做他不愿意的事，这是引起孩子反抗的导火线，甚至还会发展到与父母对抗。

对于多数父母来说，“权威”与家长制的家庭教育有一定的联系。中国传统文化中的等级制度，儒家文化中尊崇的孝顺和长幼有序的观念，长久以来容易造成家长的绝对权威与子女绝对服从的教养模式。而“朋友”代表一种平等的地位与关系，包含了西方文化中自由、平等，以人为本的观念，形成了对传统的家长制教育的挑战，在当今的家庭教育中格外受到重视。但是，家长的权威与朋友角色不是对立的。如果以后者代替前者便是进入了另一个误区，形成孩子与父母对抗。

【专家评析】

在如何运用当好父母的技巧、和孩子和睦相处方面，没有什么特定的模式，因为每个孩子对父母有着不同的态度和反应。为避免犯通常的错误，以下几点可供参考：

1. 培养孩子自信心和自主性

耐心听孩子说话，并让孩子感觉到他们说的事情很重要，尊重他的意见和想法，这样可以培养他们的自信心和自尊心，同时又可得到他们尊重。对孩子不能像军官对待新兵那样下命令，应尽可能给孩子提供可选择的机会。例如，问孩子是愿意马上收拾他的房间呢，还是等一会儿收拾？毫无疑问，你是督促他收拾自己的房间，但又给了他选择时间的机会。

2. 让孩子享有自由和交朋友

孩子需要享有自由，这是自然而正常的事。当他们享有一定的自由空间时，既树立了自立的信心，又避免了和父母亲不必要的对立。孩子大都喜欢交友，父母们应实行开门政策，鼓励孩子把伙伴带回家来玩、吃点心或吃饭。这样父母不仅有机会掌握了解孩子交友范围和活动，而且使孩子感到自己在家里的位置。

3. 避免过分地宠爱孩子

不要太关心孩子，随时随地地问他这样问他那样。因为这样做很容易养成孩子以自我为中心的心理，以为人人都得尊重他，结果便成为自私自利的人。

不要给孩子一切他想要的东西。孩子从小应知道权利与义务的关系。不尽义务，不能享受权利，享受与贡献是相对应的。

不要欺骗孩子，父母或老师向他讲了欺骗的话，就会在他心目中丧失信任，以后讲话他就不会听了。

温馨提示

父母的作用如同支架。开始时是全面的支撑。当孩子会走路、会自己吃饭、能够独立学习和思考时，支架就可以随之逐步地移去。到青少年期，孩子趋于独立，支架的作用就比较小了，父母的强势地位就不明显了。因此，父母的权威应该建立在充分尊重孩子独立人格的基础上，在爱里及早有效地引导孩子，而在孩子能够独立时，就适度撤出，减少控制，发展孩子的自主性，淡化权威，成为朋友，和睦相处。

【他山之石】

世界名人父亲的育儿故事

俗话说，母爱如水，父爱如山。多少年来，人们在歌颂和赞美母亲的同时，并没有忘记父亲的伟大。1934 年 6 月，美国国会统一规定 6 月的第三个星期日为父亲节。迄今为止，全世界至少有 20 多个国家通过各种方式在这个日子纪念父亲节。

下面，就让我们来看看世界各地名人父亲育儿的故事。这些好老爸有的默默无闻，但培养出了扬名天下的人才；有的则自己就是世界名人，但在教育孩子方面颇有一套。不管这些故事是令人感动或给人以启发，它们都真实地再现了父亲对孩子深沉的关爱，显示了父亲在孩子成长过程中的巨大影响力！

1. 奥尔森的父亲：诚信做人影响儿子一生

美国数字设备公司（DEC）始创者、总经理奥尔森是美国大名鼎鼎的人物，曾被美国《幸福》杂志评为“美国最成功的企业家”。但是，在谈及自己的成功时，他总是要提到父亲，因为父亲用行动影响了他的一生。

奥尔森的父亲奥斯瓦尔德是一个没有大学文凭的工程师，拥有几项专利，后来成为一名推销员。一次，一位顾客想从他的手中购买他推销的机器，但他发现这位顾客并不真正需要这部机器，于是他极力劝这位顾客不要购买，此事让他的老板火冒三丈，但却为奥斯瓦尔德赢得了好名声。

同时，奥斯瓦尔德的诚实品德也给了三个儿子巨大影响。他们都以父亲为榜样，诚信做人，全部成为有为的工程师。奥尔森本人在为人处世上就秉承了父亲的优点：办事讲原则，合作重诚信，在员工和商业伙伴中拥有非常好的口碑。

2. 达·芬奇的父亲：充分发展孩子的兴趣

著名画家达·芬奇的父亲彼特罗也是一位令人称道的好爸爸。他培养孩子的信条就是：给孩子最大的自由，让孩子发展自己的兴趣。6 岁那年，达·芬奇上学了，在学校里学了很多知识，但对绘画最感兴趣。一天，他上课不专心听讲，还给老师画了一幅速写。回家后，达·芬奇把速写给父亲看，父亲不仅没有生气，反而夸奖他画得很好，决定培养他在这方面的才华。

正是因为父亲如此开明，达·芬奇全身心投入到自己喜爱的绘画中，甚至敢专门画画恐吓老爸。一次，他花了一个月时间，在盾牌上画了一个两眼冒火、鼻孔生烟，看起来十分可怕的女妖头。为了把父亲吓一跳，他还关紧窗户，只让一缕光线照到女妖头的脸上。后来，父亲一进家就被盾牌上的画吓坏了，可是等达·芬奇哈哈大笑地解释完，他竟然也没有责备儿子。

16 岁那年，父亲把达·芬奇带到画家维罗奇奥那里学画画。在维罗奇奥的指导下，达·芬奇刻苦学习，掌握了很多绘画技巧，终于成为一代大画家。

3. 安徒生的父亲：穷鞋匠培养出大作家

丹麦童话作家安徒生出生在富恩岛上一个叫奥塞登的小城镇上，那里有不少贵族和地主，而安徒生的父亲只是个穷鞋匠，母亲是个洗衣妇。贵族地主们怕降低了自己的身份，从不让自己的孩子和安徒生一起玩。安徒生的父亲对此非常气愤，但一点也没有在孩子面前表露，反而十分轻松地对安徒生说："孩子，别人不跟你玩，爸爸来陪你玩吧！"

父亲亲自把安徒生简陋的房间布置得像一个小博物馆，墙上挂了许多图画和做装饰用的瓷器，橱窗柜上摆了一些玩具，书架上放满了书籍和歌谱，就是在门玻璃上，也画了一幅风景画。父亲还常给安徒生讲《一千零一夜》等古代阿拉伯的故事，有时则给他念一段丹麦喜剧作家荷尔堡的剧本，或者英国莎士比亚的戏剧本。

为了丰富安徒生的精神世界，父亲还鼓励安徒生到

街头去看埋头工作的手艺人、弯腰曲背的老乞丐、坐着马车横冲直撞的贵族等人的生活，这些经历为安徒生以后写出《卖火柴的小女孩》、《丑小鸭》等童话故事打下了很好的基础。

4. 莫扎特的父亲：不惜放弃工作培养孩子

奥地利作曲家莫扎特被无数人誉为“神童”，他的许多作品一直是古典音乐中经久不衰的保留曲目。但是，莫扎特有如此成就是与他父亲的精心培养密切相关的。

莫扎特 3 岁时，父亲就发现他经常静静地坐在一边，很有兴趣地看姐姐练琴，于是就开始对他进行启蒙教育。在父亲的指导下，莫扎特 5 岁就开始创作短曲，6 岁时创作钢琴协奏曲。后来，为了更好地培养他，父亲甚至放弃了在宫廷里当乐师的工作，将全部精力用在莫扎特身上。

可以说，没有父亲那份执着的精神、严格的要求和深厚的关爱，是无法造就莫扎特这样一位音乐大师的。

5. 盖茨的父亲：让孩子从小懂得凭本事挣钱

世界软件业巨头——微软公司的老总比尔·盖茨出身于美国西雅图一个富裕的律师家庭，他父亲威廉很注重从小培养他“凭本事打拼”的意识。

威廉说：“重要的是要让孩子知道自己能够赚钱，并且不管做什么事情都要有信心和干劲。”盖茨帮家里做事，父亲总是给予一点小报酬，以此激发他的热情，让他懂得工作是通往幸福的台阶。威廉表示，这样做可以让孩子了解现实社会和外部世界，也可以让孩子了解大家一起劳动，一起追求同一目标的快乐。

上私立高中时，盖茨就和朋友一起开发了计算市内交通量的软件，并在竞争中取胜，签订了一份数额不小的合同。后来，学校的负责人雇用他们编制教学计划，盖茨还与人合作，编写了企业的工资系统用的程序。威廉夸奖说“盖茨是通过劳动获取报酬的”。

6. 戴高乐：坚决避免特殊化

20 世纪 50 年代末，戴高乐就任法国总统，他进入爱丽舍宫后的第一件事，就是叮嘱主管礼宾事务的官员：“我跟你们约法三章，今后你们最多只能安排我的孩子参加两次招待会。”主管礼宾的官员对此很不解，戴高乐耐心地解释说：“这样做可以避免特殊化，对孩子的成长有利。”

在戴高乐执政的 11 年间，他的家庭成员从来没有因他的缘故得到过任何例外的提升，他的亲属子女也没有一个人被安排在政府部门任职或谋取利益。戴高乐还不准孩子们抛头露面，搞特殊化。

戴高乐鼓励自己的子女说，必须从小就抛弃“大树底下好乘凉”的观念，只能依靠自己的努力在社会上争得一席之地，而不是依靠父亲去取得特权。

7. 洛克菲勒：锻炼身体与游历世界

在 19 世纪时，洛克菲勒家族事业的创始人约翰·D·洛克菲勒只是一个周薪 7 美元的打工仔，但他通过个人奋斗最后创建了标准石油公司。在教育自己的下一代方面，他制订了许多严格的“措施”。

约翰·D·洛克菲勒常常和孩子强调锻炼身体的重要，儿子上学时，他让儿子滑着旱冰经过中央公园到林肯学校，家庭司机只是开着车跟在后面。

另外，洛克菲勒家族很注重到世界各地游历对孩子成长的影响。孩子很小的时候，就跟着父母、带着家庭教师和一大堆行李，开始飞越美国大陆、欧洲、北非等地。这种教育增强了孩子们认识社会多元化和准确把握社会常理的能力，为以后确立人生目标起到很好的启发作用。

8. 托尔斯泰：用鹅毛笔为孩子读物描图

俄国文学家列夫·托尔斯泰十分注意培养孩子的学习兴趣，尽管自己的写作时间相当宝贵，但他常常将部分时间分给孩子们，给他们讲故事，为他们绘画，回答他们提出的各种问题。

不过，托尔斯泰从不给孩子强行灌输知识，而是根据孩子们的爱好和兴趣为他们服务。有一段时间，孩子们对作家儒勒·凡尔纳的作品很感兴趣，托尔斯泰就一本又一本地讲给他们听。

后来，他发现《环球旅游 80 天》这本书没有插图，为了帮助孩子们理解故事情节，他竟然每天晚上用鹅毛笔亲自为该书绘制插图。托尔斯泰的时间是宝贵的，但是他认为，把时间花在提高孩子的学习兴趣、激发孩子的求知欲方面是值得的。

9. 他信：送小女去麦当劳打工

泰国前总理他信是第四代泰国华裔，也是东南亚著名的“电信大亨”，家里十分富裕。但是，他对自己的一子二女要求相当严格，甚至主动要求孩子出去“受苦”，长经验、长见识。

2004 年 3 月，他信的小女儿贝东丹高考结束后，他把女儿送到曼谷一家麦当劳餐厅里打零工，贝东丹一时间成为泰国媒体关注的焦点。其间，他信还专程光顾这家餐厅为女儿捧场。

他信说：“我就是想让她有这个经历，让她了解生活，因为她是家里最小的孩子，出生时父母就是有身份的人。钱不是关键，我们想让她获得一些经历。”他信还表示，希望女儿能够成为泰国年轻人的榜样，能更快地适应工作，适应社会，并培养责任感。

后 记

本书向初为人父母的新爸爸、新妈妈，即将为人父母的准爸爸、准妈妈，爷爷奶奶、外公外婆，以及幼儿教育工作者等广大读者，介绍关于幼儿早期教育技巧方面的知识，提供一些可以自我操作的资料。在写作中，本书参考的主要文献有：

1. 鲁道夫·谢佛 著．儿童心理学．北京：电子工业出版社，2005.

2. 罗家英 著．学前儿童发展心理学．北京：科学出版社，2007.

3. 蓝山 编．阳光宝贝启蒙系列．北京：教育科学出版社，2004.

4. 木村久一 编著．河北大学日本研究所译．早期教育和天才．石家庄：河北人民出版社，1998.

5. http://WWW.7t24.net

6. http://WWW.babytree.com

7. http://WWW.goodbaby.com

等等。限于篇幅，谅未能一一列出。在此，谨致谢忱！

由于本人学识和水平有限，本书难免存在许多遗漏和不足之处，诚请各方专家和广大读者给予批评、指正。

编著者

现代教子新理念
早期教育有技巧
您若用心实践它
孩子定能赢“起跑”